中公文庫

子どもと文学

増補新版

石井桃子／いぬいとみこ
鈴木晋一／瀬田貞二
松居　直／渡辺茂男

中央公論新社

目次

子どもと文学

増補新版

はじめに

この本は、約五年にわたる瀬田、松居、鈴木、いぬい、石井――そして後に、渡辺が、これに加わりましたが――の、児童文学についての話しあいの結果をまとめたものです。

このグループは、もともと児童文学という共通の興味をもつ友人同士ではありましたが、日本の児童文学のあり方について、ひいては、児童文学とはどういうものであろうか、ということについて、連続的に話しあってみようと考えだしたのは、五年ほど前のことでした。そのころ、たまたま、グループのひとり、石井は、英米の児童図書の出版事情、また児童図書館活動の現状を見るための留学を終えて帰ってきたところでしたが、帰国後、日本の児童文学というものを前にして、自分の考えを整理することが、以前にもましてむずかしくなっていることを発見しました。

世界の児童文学のなかで、日本の児童文学は、まったく独特、異質なものです。世界的な児童文学の規準――子どもの文学はおもしろく、はっきりわかりやすくということは、ここでは通用しません。また、日本の児童文学批評も、印象的、感覚的、抽象的で、なかなか理解しにくいものです。

こうした状態にある、明治のすえから現在までの、つまり、近代日本児童文学とよばれるものが、はたして今日の子どもにどう受けとられているだろうか、また、子どもを育てる上に適当なものだろうかということは、いつもこのグループのあいだで話題にのぼっていました。

そこで、自分たちの頭のなかの整理をする意味で、六人は、前記の話しあいをはじめたわけですが、最初は、手のつけようのないままに、日本児童文学に大きな足跡をのこしたとされる作家たちの作品のいくつかを、一行一行、丹念に読んでいくことからはじめました。いそがしい者同士のことでしたので、会合は一月に一回ほどしかもてず、進行はちちたるものでしたが、話しあいというものは、ありがたいもので、一つの疑問に、三、四様の解釈がでてきます。同調する意見、衝突する意見は、どちらも、つぎの会合まで、新しく考えるたねをあたえてくれました。

こうして、私たちの目にも、問題の前にかかっていたキリが、うすれかけて見えだしたのは、二年ほどしてからでした。そのあいだに、私たちは、私たち自身の使うことばの意味をはっきりさせ、対象を先入主なく、また、歴史的に、社会的に見ることを学びました。それからあとは、日本児童文学という、非常にとらえにくかったけしきが、私たちの目にもかなりはっきりうつりだしてきました。

この話しあいの結果をまとめたら、と考えだしたのは最近のことです。こうした問題に興味をもつ人たち――父母たち、教師たち、児童文学に志す人たち――の前に、私たちの考えてきたことをひれきして、またその人たちの意見も聞きたいと思ったからです。

以下の各章は、私たちの「日本児童文学はかくあった、かくあるべし」の結論ではありません。私たちは、資料もくまなくあさったわけではありませんし、また数多くの作家をとりあげることもできませんでした。しかし、私たちが、児童文学では何がだいじであると思うか、それゆえに、私たちは、日本の作家では、だれが重要であると思うかということについて、現在までのところ、こういう考えをもつようになったことを述べたいのです。

私たちの話しあいをまとめるにあたって、

Ｉの部の、

小川未明を　いぬい・とみこが、

浜田広介を　松居直が、
坪田譲治と宮沢賢治を　瀬田貞二が、
千葉省三と新美南吉を　鈴木晋一が、
またⅡの部では、「子どもの文学で重要な点は何か？」までを　渡辺茂男が、そのあとを石井桃子が、
それぞれうけもちました。
また、おもな参考書、引用書、作品については、巻末に注としてあげました〔本文庫版では、Ⅰは各文末に、Ⅱは章末にそれぞれ振り分けました〕。そのうち、外国作品は、できるだけ翻訳のあるものを選び、訳者、出版社をしるしました。

新しい版を出すにあたって

この本は、さいしょ昭和三十五年四月に中央公論社から発行されました。刊行当時、児童文学関係者の間にかなりの世評をよび、その後もしばしば問題にされてきましたが、長らく絶版のままになっていました。その間、再版をもとめる声が、たえず私たちのところにとどき、今日でもまだあの本はどこから出ているかという質問をうけますので、今度共著者たちの相談の結果、福音館書店の好意により新しい版を出してもらうことにしました。

この本は、六年前の時点で、私たちが全力をつくしたものでした。その後、おのおのが、それぞれの方向で勉強し、いくらかの前進はしているつもりです。したがって、これは私たちの現在の意見そのままではありません。しかし、私たちの考え方の大筋は、いまも変わっていません。その意味から、私たちが昭和三十五年までにたどりついた考え方を、一つの道標として残しておくことも無意義ではないと思うのです。

今度の版を出すにあたって、私たちは巻末の注に手をいれたほかは、用字用語の整理をするとともに、あいまいな記述を明確にする程度のことはしましたが、内容の変更はいっさいしませんでした。私たちの現在の考え方については、また、別の本にゆずらなければなりません。

一九六七年四月

石井桃子
いぬいとみこ
鈴木晋一
瀬田貞二
松居直
渡辺茂男

I

日本の児童文学をかえりみて

小川未明

「赤いろうそくと人魚」をめぐって

小川未明は、日本における近代童話の創始者といわれる人で、一九一〇年（明治43）に、第一童話集『赤い船』を発表、以後今日までにただ一つの長篇童話と、千に近い短篇童話を書いているといわれています。その数多い作品は、単行本として、あるいは、たびたびの全集・選集として世に問われ、代表作といわれる「赤いろうそくと人魚」や「野ばら」などは、教科書にとりあげられています。戦後はさらに〝童話の父〟として、野間文芸賞や芸術院賞を受けています。この小川未明の名を知らない人は少ないでしょう。

私たちが、日本のこれまでの創作童話を改めてふりかえってみようとしたとき、まず最初にとりあげたのが、この未明の作品であったことは、けっして偶然ではありません。

私たちは比較的手にはいりやすい『小川未明童話集』[1]をテキストにして、最初「赤いろうそくと人魚」を読んでみました。この作品は、一九二一年（大正10）に『東京朝日新聞』に発表されたもので、未明の代表作の一つであり、ある批評家は、「日本の児童文学の近代的達成という点で定評のあるものだが、この幻想的な作品に児童問題の現実が反映していることも見落せない」[2]と評しています。

私たちはこの作品を丹念に読んでいって、ふしぎな気もちになりました。そのふしぎさにはいろいろな意味がふくまれていました。まず最初にふしぎに思ったのは、このお話がイメージの上からも、叙述の上からも、またテンス（時）の上からも、たいへん混乱を見せていたことでした。特にその導入部には、きびきびしたストーリーに発展する要素が見えませんでした。二、三ページ分にわたって、一人の人魚の心理と風景の叙述とが、いくたびか混沌《こんとん》と繰り返されています。

それは、こんな書き出しです。

　人魚は、南の方の海にばかりすんでいるのではありません。北の海にもすんでいたのであります。

　北方の海の色は、青うございました。あるとき、岩の上に、女の人魚があがって、あたりの景色《けしき》をながめながら休んでいました。
雲間からもれた月の光がさびしく、波の上を照らしていました。どちらを見てもかぎりない、ものすごい波が、うねうねと動いているのであります。

そして、この女の人魚は、さびしい海の中のじぶんのさびしすぎる境涯《きょうがい》をなげき、子どもにはこんなさびしさは味わわせまいと思って、「人情もあってやさしいときいている」人間の世界へ、これから生まれるわが子を「捨て子」しようと、ながいながい思い入れののちに決心します。ところが、その決心がおわったとたんに、今まで見わたすかぎり何も見えなかったはずの海の上に、つごうよく「かなたの海岸の小高い山の上にある神社の燈《あか》り」が見えはじめ、「ある夜、女の人魚は子どもを生み落とすために」陸にむかっておよいでゆきます。

右のようなこの作品の最初の部分をみると、舞台装置になっている「ものすごい」ふんい気だけはわかりますが、そこに登場してきた人魚については、あまりはっきりとその姿を思いうかべることができません。この作品の後半で、黒い髪の毛をびっしょりぬらして、赤いろうそくを買いにくる人魚とは、似ても似つかない、人間とはあまり異質でない人魚です。そして、人間の世界をなぜこの人魚が「きいて知って」いるのか、人魚のくらい、さびしい暮らしというのがどのようなものなのか、そうしたことが不確かにしかわからされずに、ただ、さびしい、暗い気分だけが、くりかえし述べられているだけなので、読者はさきへすすむことができず、いらいらさせられます。どんなに幻想的な話であっても、いや幻想的な話であればあるほど、しっかりとした骨ぐみが必要と思われるのに、ここには、非現実の世界をリアリティをもって読者にうったえるような、設定がありません。たとえば、アンデルセンの「人魚姫」を思い出してください。あの物語の書き出しは、

海をはるか遠く沖へ出ますと、水は一ばん美しいヤグルマソウの花びらのように青く、一ばんきれいな水晶のようにすんでいます。ところがその深いことといったら、どんなに長い、いかりづなでもとどかないくらい深くて、教会の塔をいくつもいくつもつみかさねて、ようやく水の上までとどくほどです。このような深い海の底に、人魚たちはすんでいるのです。*3

とあって、ここには、心に映る気分としての海でない、リアリティのある深い海が、人魚の住む「場所」として、はっきりと読者に示されています。

それは、「赤いろうそくと人魚」の場合とは、まるでちがいます。アンデルセンの場合は、着々と人魚の住んでいる場所を示し、それから、人魚たちがどんなに人間の世界にあこがれていて、しかも、それをどうして「知ることができる」のかということが、人魚姫たちが十五歳のお誕生日になると、はじめて海の上へ浮かんでいって、人間の明るい世界を見ることを許されている、という具体的な設定の中ではっきりと示されています。

それは、未明の人魚が「きいている」という程度にばくぜんと人間世界にあこがれているのと、なんとちがっていることでしょう。

たぶん未明は、散文的なアンデルセンの「人魚姫」よりも、じぶんの「赤いろうそくと人魚」を、より「近代的」な、よりロマンティックな作品にするために、この作品の導入部を苦心して書いたにちがいありません。しかし、この心理描写をとり入れた感傷的な書き出しは、せっかくの苦心にもかかわらず、「童話」からは遠い手法のように私たちには思えるのです。

むかし、まだすべての魚が海にいたころのことです。一ぴきの金魚が海に住んでいました。金魚は何不足なくくらしていましたが、ただ一つの苦労は、いまはここ、こんどはあすことというように、水のなかをただよい歩くあみをよけることだけでした。（中略）そこで、金魚は、くる日も、くる日も、青とみどりの水の中をおよぎまわって、この上もなくしあわせにくらしていました。

右に引用したのは、ファージョンの『ムギと王さま』[*4]という本の中にある「金魚」の書き出しの一節です。こうした単純な書き出しで、主人公と、そのいる場所と、主人公の心のようすは、ちゃんと描き出されています。一つもむだというもののない、こうした単純な導入部こそ、「近代童話」の書き出しの美しい例だと私たちは考えます。

さて、「赤いろうそくと人魚」で、つぎに私たちがふしぎに思ったのは、ここに出てくるおじいさんやおばあさんが、じつにつごうよく、さっきは神罰をおそれていたかと思うと、つぎには大金の魅力にまけて神罰のことは忘れ、さらにまた、あらしがおこると、さっそく神罰のおそろしさを思い出してろうそく屋をやめる、というような不安定な人間につくられていることでした。

作者のまったくの必要によって、以前は異形《いぎょう》の娘をかわいそうに思って育てた老夫婦が、お金のために鬼のような心になるという、その道ゆきの不自然さは、これがよしんば「資本主義の悪」を象徴しているとしても、見のがすことはできません。

私たちは、このお話を読み終わったとき、困惑の吐息をつきました。この作品に、「不幸な母親がわが子の幸福のためにと思ってする捨て子、手工業における苛酷な少年労働、人権を無視した人身売買というような社会的な児童問題のなんらかの反映」をみたという批評家の読みのふかさに驚くと同時に、そういう読みのふかさにささえられなくてはほとんど成立しない作品とは、いったいなんであろうかと考えました。

また一方、この作が、幻想的な象徴的なすぐれた作品であるという評価に対しても、私たちは裏切られた感じをいだきました。象徴的ということばからかけはなれた、たどたどしい叙述のあいまに、部分的には、(特に、まっくらな山の上に呪《のろ》いをこめた赤いろうそくの燈りが、チラチラのぼってゆく光景などは)たしかにドキリとさせられる美しい場面がいくつかあります。しかし、それでは、ときどき美しい場面のはさまっている幻燈画をみているようなもので、ファンタジーの世界――一つの均勢のとれた築きあげられた幻想の世界――を楽しもうと、期待して読んでいった私たちの求めるものとは遠かったのでした。

――ふしぎな話だ。

――これが日本の児童文学の近代的達成の一つだとは……

――作者は子どもにむかって書いているのだろうか？
――大人のための「童話」としてみても、なおさら不十分だ。

と、私たちは話しあいました。

こうして、私たちは、ひきつづき彼の作品をいくつか読みました。そして、かたよりなく未明の作品を読むために、(1)彼の文学歴とその時代　(2)小川未明の「童話」の特質　(3)子ども不在の児童文学の成立した事情と未明の役割　などについて、研究をすすめてゆくことにしました。

私たちは、未明の作品をいくつか読みかえして、その内容のまずしさと、表現のかたさとに驚いたのですが、こうした感想を持ったのは、けっして私たちが最初ではありません。

古谷綱武氏は一九五七年（昭和32）「小川未明論」[*5]の中で、

未明の作品を、今日の児童文学の水準的な環境のなかでよみかえしてみると、その代表的な作品でさえも、ある生硬さ、ある稚拙さが、完全には克服しきれていない。それは、そのイメージにこんこんとあふれでるようなゆたかさがない、その貧しさについてもいえることだし、また、文章の感覚的なリズムや美しさのとぼしさについてもいえる。たとえば、むやみやたらに、「あります」でむすんでいる文章のまずさ。明治の雄弁術が現代に生きのこっているようなその目ざわりなかたさは、それがそのまま、頭のかたさでもあるが、現代の評価にあてれば、欠点とよんでよいものである。（以下略）

と、いっています。けれども氏は、「しかし、私がかんじたままをこのように書いたのは、現代の、未明にたいする評価を、もっと低めるべきだと考えているためではないのだ」と、それにつけ加えて、日本の童話の開拓期にあって、「童話のための思考と、ことに表現を、自分のものとしてかためなければならなかった」未明の努力に、むしろあたたかい同情を示しています。

しかし、わが国の「童話の開拓期」にあたって、はたして未明は子ども、の、た、め、の「童話」の表現を、身をもってかためようとしたのでしょうか。日本における子どものための文学の基礎を、彼は正しく開いたといえるでしょうか。

じぶんの童話を「わが特異な詩形」といい、「むしろ大人に読んでもらった方がかえって意の存するところが分る……」（一九二六年）とか、「私は常に思う、童話作家は児童のために作品を書くのではない」（一九二八年）とか彼をしていわしめたその原因はなにか？　そしてその結果、未明が自己の資質をそこに見いだしたという「童話」が、はたしてどんなわき道へ日本の子どものための文学を導いていったか——これらの点こそ、私たちがこれから見きわめていこうとする最大の関心事なのです。

未明の作家歴とその時代

小川未明は、いまでこそ「童話作家未明」として有名ですが、明治末期には新ロマン主義の先駆的な作家として、また大正期には社会主義的な作家として、その名を知られていました。

そのころの〝大人むき〟の作品のいくつかは、筑摩版『現代日本文学全集（70）田村俊子・小川未明・武林無想庵・坪田譲治集』の中で見ることができます。そこには神秘主義的な傾向のつよい「薔薇《ばら》と巫女《みこ》」、長篇小説「物言はぬ顔」、戦争と死を追求した「戦争」、絶望的な社会下層の人びとを扱った「河の上の太陽」「空中の芸当」、少年を主人公とした「火を点ず」などの代表作が収められていて、未明の「童話」の底に流れるあらゆるモチーフやテーマの原型を、そこに見いだすことができます。

ここにその筑摩版の未明の年譜その他を参考にして、彼のおいたちから、作家生活のはじまり、そして一九二六年（大正15）四十五歳で、「童話作家宣言」を発表するまでの半生の足どりをたどってみましょう。

小川未明（本名健作）は、一八八二年（明治15）新潟県高田町で生まれました。祖父の影響で四歳のころから漢文に親しみ、十一歳の折には父澄晴《すみはる》が春日山古城址《し》に上杉謙信を祭った神社を創設、未明の十六歳のころから一家をあげてここに移り住みました。彼が少年時代を送った北国の暗い風土は、のちの彼の文学、特にその童話（「赤いろうそくと人魚」「大きなかに」「月と海豹《あざらし》」「二度と通らない旅人」など）につよい影響をのこしています。

一九〇一年（明治34）未明は上京して早稲田大学にはいり、その後英文科に籍をおいて、坪内逍遙《しょうよう》の指導を受けました。当時文学青年の多くがそうだったように、未明も学生のころロシア文学を愛読してナロードニキ[*6]の思想にひきつけられました。また、バーンズやイエイツなどイギリスの象徴派の詩人の詩に接し、ハウプトマンの「ハンネレの昇天」や、メーテルリンクの「青い鳥」を愛読したのもこのころのことでしょう。やがて彼は在学中から、小説をかきはじめます。卒業の年（明治38）には『新小説』にも作品が掲載され、作家としての第一歩を踏み出しました。

卒業論文は小泉八雲でした。卒業後は、未明の作風に童話の素質を見ぬいた島村抱月の示唆をうけて『少年文庫』を編集し、みずからも童話をそれによせました。しかし、巖谷小波流の大衆受けのするおとぎ話が全国を風靡していたその当時には、この雑誌は世に迎えられず、わずか一号を出しただけで廃刊になりました。

一九〇八年（明治41）新ロマン主義研究の『青鳥会』を興した未明は、その後明治の末年までに「薔薇と巫女」「物言はぬ顔」（明治44）、「魯鈍の猫」（明治45）など、神秘主義の色のこい作品を発表しています。

この間、文筆のみで立つ生活は貧困をきわめ、二人の子どもが栄養失調に陥ったといわれています。学生時代に小説をかきはじめてからこの明治の末までは、未明の文学の第一期といえましょう。

童話としては、一九一〇年（明治43）に彼の第一童話集『赤い船』が刊行されました。これは日本で最初の創作童話集として、文学史上貴重なものとされていますが、内容は、未明ののちの作品にくらべても、まだ十分なものとはいえません。

大正のはじめから約十年あまりは、未明の文学の第二期にあたります。新ロマン主義から社会主義への転換は、大杉栄、堺利彦と知り合った一九一三年（大正2）ごろからしだいにはじまり、それから一九二六年（大正15）「今後を童話作家に」の宣言を発表するまでの約十年間に、未明は彼の生涯のうちで、もっとも力のこもった作品を書いています。「血に染む夕陽《ゆうひ》」（大正3）、「小作人の死」（大正6）、「戦争」「河の上の太陽」（大正7）、「空中の芸当」（大正9）、「火を点ず」（大正10）の中で、未明は社会の下積みの人びとへの熱い共感と、それらの人びとを圧迫する社会悪への怒りを、激しく訴えようとしています。

当時の日本は、第一次大戦を通じて発達した資本主義と、それに抗する労働者たちのうごきが活発化した時代で、革新の風潮が勢いを得ていました。二人の子どもの死にあって、社会の矛盾に直面した未明は、この時期、著作家組合参加（大正8）、日本社会主義同盟の発起者となる（大正9）、メーデーに参加（大正11）、日本フェビアン協会加入（大正13）などと、それ以前の時期にはみられなかった「行動への参加」をしています。

この大正期の後半（一九一八～一九二六年）はまた、未明の「童話」がめざましい勢いでかかれた時代でもありました。「婦人と子どもの世紀」といわれる二十世紀にはいって、ようやく子どもたちへの世の中の関心が高まり、新聞や婦人雑誌などが創作童話にページをさくようになったのも、このころからでした。明治時代には、子どもにおとぎ話を読ませることすら、「教育的でない」としてしりぞけられる風潮がつよく、そうした中で巌谷小波が「お伽噺《とぎばなし》」の普及に全力を注いだことは、記憶にとどめておくべきです。しかし、小波は、当時の日本の現実からやむをえないこととして、文学のもつべき芸術性を犠牲にして、おもしろくて国家的にも道徳的にもためになるという娯楽性、教訓性を表看板に、そのおとぎ話を普及させました。その結果、大正初期のころまでに、たいへんな勢いで全国を風靡した小波流のおとぎ話が、いま新しい世紀の到来とともに脱皮の必要にせまられたというのも、また当然のことでした。

一九一八年（大正7）、「世俗的な下卑《げび》た子どもの読み物を排除して、子どもの純正を保全開発するために現代一流の芸術家の真摯《しんし》なる努力を集めて」鈴木三重吉が童話運動誌『赤い鳥』を創刊、翌年には未明の主宰する『おとぎの世界』、島崎藤村・有島生馬《いくま》主宰の『金の船』創刊、つづいて特に未明の創作力に期待して始めたという千葉省三による『童話』が創刊（大正9）されました。このつぎつぎに興った新しい童話運動の立役者として、未明は、「殿様の茶わん」「牛女」「金の輪」（大正8）、「小さな草と太陽」（大正9）、「赤いろうそくと人魚」「港に着いた黒んぼの話」（大正10）、「月夜とめがね」（大正11）、「幸福に暮らした二人」「飴《あめ》チョコの天使」「阿呆鳥《あほうどり》の鳴く日」（大正12）、「ある夜の星たちの話」（大正13）、「月と海豹」（大正14）、「雪くる前の高原の話」（大正15）など、彼の代表作といわれる作品をぞくぞくと発表しています。

その間一九二三年（大正12）には、種蒔《たねま》き社の発起で未明・秋田雨雀《うじゃく》・中村吉蔵の三人のために社会主義の文学の先達をたたえる「三人の会」が開かれ、その席上、未明の「野ばら」が朗読されたということは有名な話です。

この時期の未明は、生活的にはやはり貧困をきわめ、二人の子どもを失うという悲痛きわまりない体験をしなければなりませんでした。けれども作家的にみれば、未明の理想主義的な社会観が、初期の社会運動の人道主義的な風潮と一致して、彼は新しく登場した「民衆」のための文学を書くという希望にみちて作品を書き、一部の人びとからそれが熱狂的に迎えられたという、一つのよき時代を経験したわけでした。しかし、その時代は長くはつづきませんでした。

一九二六年（大正15）五月十三日、未明は『小川未明選集』（小説四巻、童話二巻）の完結を機会に、「今後を童話作家に」という宣言を『東京日日新聞』と『早稲田文学』に発表しました。この宣言については、のちにまたふれますが、「小説の筆を折り、以後の半生を童話作家として専心する」というこの宣言は、彼にとっても、またのちの童話界にとっても非常に重要な意味をもっていました。

未明は翌一九二七年（昭和2）には、アナーキスト系の同志とともに、「日本無産派文芸連盟」を組織しています。これは未明が思想的に、マルキシストたちとはっきり別れをつげたことを示しています。ロマン主義者・理想主義者未明が、時代の波につき動かされて社会主義者になることを選んだのは、おもに社会主義の情熱と人間尊重の感情にもとづいてのことでした。それは彼の「空中の芸当」や「火を点ず」のような作品を見ればよくわかります。新しく興ってきたプロレタリア階級に対する科学的な思想的な共感からというより、美や正義を追究する立場からこの運動にはいった未明は、しだいにこの社会運動がマルキシズムの思想をはっきりとりはじめて、いまでいう「組織と人間」の問題や、現実の政治活動の避けられない醜悪さに直面しなければならなくなると、ついにその戦線を去ることを決意したのです。これは彼が小説を捨てて、専心、美と童心の世界を追究できる「童話」への道を選んだことと、けっして別のものではなかったのです。

それ以後、彼の作品は、しだいに文学的な冴《さ》えを失い、「童心」という観念的なめがねを通してあらゆるものに「美」を見いだそうとした結果は、戦争中は、軍のいう大東亜共栄圏の理想にも「美」を見いだして、真心から「童話による聖戦への奉仕」を説く（昭和16）というような、また「僕らも戦争に行くんだ」（昭和12）というような作品をいち早く書くような痛ましい状態に、この「野ばら」の作者を追いこんだのでした。

では、つぎに彼の選んだ童心の上に立った「童話作家の道」を、私たちはもう少し考えてみましょう。

未明の「童話」の特質と子ども不在の文学のはじまり

一九二六年（大正15）刊の『未明感想小品集』の中に「子供は虐待に黙従す」という一文があります。その中で未明は、「ちょうど、資本家が、労働者を酷使したように、男子が女子を束縛したように、子供は常に、その親たちから、また大人から虐待されてきた」と、社会の中の弱きものである子どもの虐《しいた》げられ方をるるとのべて、「この故《ゆえ》に、私は、子供等《ら》の代弁者となり、ために抗議し、主張し、またその世界の一切を語らなければならぬ芸術の必要を感じる。同時に、一方この時代の少年を慰撫《いぶ》する芸術をも必要なりとするのである」と、切迫した調子でのべています。またつづいて、「最近、一、二年間、童話雑誌が頻出して、少年文学に志す人が多くなったのを見て」喜ばしい現象だと考えたが、書かれた作品は、ただ多くの文学者たちが、「子どものものを書くのは楽だというような誤った見解から漫然として筆をとり、それを金に換えたまでの話だ」として、「ようやく産れんとした真面目《まじめ》な少年文学」の前途を未明は憂えています。

『赤い鳥』その他の児童雑誌の花々しい出発後、数年を経ているこの時期に、未明はこういっているのですが、新しい子どものための文学の出現が各方面からつよく望まれながら、実作の面では従来の影響をなかなか断ちきれなかった当時のありさまが、はっきりと目に浮かんでくるようです。

事実、『赤い鳥』にのった童話の多くも、外国種の昔話や名作の翻案でした。『赤い鳥』の主宰者である鈴木三重吉でさえも、純粋の意味での創作童話は、生涯を通じてただ一篇というさびしさでした。

このような中で、小川未明の「今後を童話作家に」の宣言が、人びとの目にどう映ったか、それはたやすく想像することができます。人びとは、一人のきまじめな作家が、今後の半生を「童話」に賭けたことを、ほとんど襟《えり》を正すような気もちで見守ったのではないでしょうか。

左がその宣言の全文です。

自由と純真な人間性と、そして空想的正義の世界にあこがれていた自分は、いつしかその芸術の上でも童話の方へ惹《ひ》かれて行くようになってしまいました。

○

私の童話は、ただ子供に面白い感じを与えればいいというのではない。また、一篇の寓話《ぐうわ》で足れりとするわけではない。もっと広い世界にありとあらゆるものに美を求めたいという心と、また、それらがいかなる調和に置かれた時にのみ正しい存在であるかということを詩としたい願いからでありました。

○

この意味において、私の書いて来た童話は、即《すなわ》ち従来の童話や世俗のいう童話とは多少異なった立場にいるといえます。むしろ大人に読んでもらった方がかえって意の存するところが分ると思いますが、あくまで童心の上に立ち、即ち大人の見る世界ならざる空想の世界に成長すべき童話なるがゆえに、いわゆる小説ではなく、やはり童話といわるべきものでありましょう。

○

多年私は小説と童話を書いたが、いま頭の中で二つを書き分ける苦しさを感じて来ました。「未明選集」六巻の配布も去る四月に完了したのを好機として、余の半生を専心わが特異な詩形のためにつくしたいと考えています。

○

たとえいかなる形式であっても、芸術は次の時代のためのものでなければならない。そして、その意味からいっても童話の地位は、今後もっと高所におかれなければならないであろう。

童話の使命については、いずれ異日にゆずる。過去の体験と半生の作家生活に於《お》いて、那辺《なへん》に多少の天分の存するかを知った私は、更生の喜びと勇気の中に、今後童話作家として邁進《まいしん》をつづけようと思っている。ここにあえて声明するゆえんのものは、ただ友人諸君の平素の眷顧《けんこ》にそむかざらんことと諒解《りょうかい》をこいねがうためとであります。

（一九二六・五・一三『東京日日新聞』）

ここには、「子供は虐待に黙従す」の文章にみられたような気負った調子はありません。が、むしろ、作家としての未明の真情は、この文章によく吐露されています。彼は、じぶんという人間にとって、いちばんふさわしい文学的な表現形式が「童話」であったということを知ったと、率直にここにのべています。その童話とは、子どもに読まれることを期待するというよりも、むしろ彼固有の「ありとあらゆるものに美を求めたいという心と、また、それらがいかなる調和に置かれた時にのみ正しい存在であるかということを詩としたい」「わが特異な詩形」としての童話なのです。

もう少しことばを変えていえば、未明は、「今後自分は、今までの半生をふりかえった結果、自分の資質にいちばんよく合い、天分もそこにあると思われる『童話という形式の文学』に専心したい。それは『童話』とはよばれているけれど、かならずしも子どもにわからなくともいい。ただそれは、ふつうの文学とちがって、私の愛する童心を通じて大人には見られない純粋無《む》垢《く》の空想の世界を追求するものだ。だから、それは小説とよぶより、童話とよぶのがふさわしいのだ」と、そういっているように思われます。

そのことは、一九二八年（昭和3）一月『童話研究』[*7]に発表された「童話の創作に就《つ》いて」の中で、未明が「私は常に思う、童話作家は児童の為《ため》に作品を書くのではない。児童に聴かせるのを目的とするという意味ではない。児童は自分達の背後から来る大衆である。最も正直で、純真な感激性に富んだ大衆、それが児童である。童話作家の童心に立って、正直なる告白と、至純の感激とによって作られた作品は、期せずしてそれらの大衆に受け入れられる筈《はず》である」といっているところと読みくらべると、いっそうはっきりわかります。

つまり、未明の童話を「従来の童話、世俗のいう童話」と隔てているもの――それは、作家が子どものための文学を「児童のために書くのではなく」「作家の忠実な自己表現のために書く」のだということになります。

子どものための文学を「児童のために書くのではない」――このようなことが逆説でなく、あたりまえの、むしろ奨励すべきこととして堂々と主張されるようになった原因は、くりかえしいってきましたように、一つには、当時子どもにこびた低俗な童話が横行していたこと、二つには、児童のために書かなくても、童話作家が「童心に立って」書きさえすれば、「必ず児童に受け入れられるはずである」という信念が根づよくあったためでしょう。

「童話は大人が児童に与えるために創作すべきものではなく、人類のもっている『永遠の子供』のために創作さるべきものだと思います」（一九二一年、秋田雨雀）ということばが、当時、島崎藤村によって共感をもって引用されているのを見ても、そうした考えは、そのころの芸術派の童話作家の間に一般化していたことがよくわかります。

日本の近代童話の開拓期にあたって、わが国の代表的な作家たちは、なんというさかだちの努力を演じなければならなかったのでしょう。

この人びとは、「子どもの文学」からたいせつな子どもを追い出すことに一所懸命努めたのでした。「タライの水をすてるのに、赤んぼうごとすてるな」ということわざが、どこかの国にあるようですが、わが国の子どもの文学からすてられたのは、しかし、子どもばかりではありませんでした。

低俗なおとぎ話が、げびたおもしろさにみちているというので、人びとは子どもの文学からおもしろさを追い出してしまいました。低俗なおとぎ話というものが、たいてい昔話を骨ぬきにしたものだったというので、昔話や伝説などのもっている民族への愛情や、楽しい語り口や、説得力あるストーリー性や、心おどる空想性までも、人びとはすべて子どもの文学から追い出してしまいました。

そのかわり、いたずらに子どもの心理を描写したり、感傷的な文字をつらねたりすることが、子どものための文学をより近代的に、芸術的にすることだと、人びとは思ってしまったのです。子どもの理解力を考えてみたり、子どもをおもしろがらせたりすることは、その人たちにとっては邪道でした。

そこで小川未明が、それまで発表しつづけてきた難解な「童話」が、子どもを直接相手にしない態度のゆえに、筋だてや面白味の乏しさのゆえに、そして感傷性にみちた詩的なことばの氾濫《はんらん》のゆえに、童心に訴える「高級文学」として、世の大人たちや、文学青年や、当時の感傷的な投稿少年たちから迎えられたその秘密が、いまここに明らかになりました。未明の「童話作家宣言」は、そうした下地に拍車をかけ、生きた子どもそのものより、作家と子どもの「童心」に基礎をおいた「童話＝詩」という形の文学が、日本近代童話の主流であることが、このときから決定的になったのでした。

イギリスの近代童話の皮切りが、川の堤で三人の少女に物語ったチャールズ・L・ドジソン（ルイス・キャロル）の「ふしぎの国のアリス」にはじまり、さらに、クリストファー・ロビン坊やに語ったミルンのお話（「クマのプーさん」）や、大洋通いの船の上で幼い娘たちに語ったバンナーマン夫人のお話（「ちびくろ・さんぼ」）などがつぎつぎ生まれ出ていることと、子どもをぬきにした「童話」が童心主義の名のもとにつぎつぎ生まれ出ている日本近代童話の道とは、なんとちがっていることでしょう。外国の近代童話は、作者が生きた子どもたちと友だちになり、子どもの具体的な空想力や子どもらしい感受性にみちびかれて、ともに空想の世界にわけ入ることによって、はじめてみごとに成立しました。

ところが日本の近代童話は、一人の作家の「童心」のはげしい燃焼によって成立し、生きた子どもは、その世界へ立ち入ることを許されませんでした。作家は子どもたちにむかってでなく、世の「悪い大人」たちにむかって、子どもたちの不幸を訴えてくれていたのでした。

ＡＢかけるＸで、「子どものためのよい文学」が成立するとします。Ｘは、この場合、この文学になくてはならない子ども、そしてＡＢは、大人の文学と少しも変わらない作家の天分や、個性や、その他、文学に必要なすべての条件とします。すると、ドジソンやミルンやバンナーマン夫人は、このＸを「生きた子どもとその生き生きした空想力との交流」として、それをＡＢにかけました。

ところが未明は、Ｘを「童心」という不確かな子どもばなれのした観念として、それをＡＢにかけました。

ＡＢかけるＸは、前者の場合、当然のことながら子どもの文学として驚くほど質の高い作品を生みました。ＡＢの質も高かったからです。

しかし、後者の未明のほうは、ＡＢの質は高かったのですが、子ども不在の「童心」というＸは、この場合マイナスの力にはたらいて、このＡＢかけるＸは、「子どものためのよい文学」としては不十分であるばかりでなく、大人のための文学としても、かなりマイナスになってしまったのです。

つまり、子どものためのよい文学にとっては、「童心」という哲学的なむずかしい観念をあがめるよりも、作家的洞察力をもった大人が、生きた子どもの空想力、彼らの外界を知ろうとする飽くことを知らないエネルギーと交流しあうことのほうが、どんなにかたいせつだったわけです。

童心には「なんでもはいります」

一九二六年の「童話作家宣言」以後、もちろん未明は童話を書きつづけました。一人の作家としてだれもおよばないほどの膨大な数の童話・少年文学を書きつづけました。しかし、この記念すべき「宣言」の年までに、小説の代表作ばかりか、彼のいわゆる「童話」の代表作まで、ほとんど書かれてしまったのです。そして、その後の彼の作品は興味性を追放した、いわゆる良心的な「児童文学」として、その形をしだいに整えてゆきながら、目に見えてその冴えを失ってしまいました。自らの天分資質を限定して、小説と童話を書き分ける苦しさにたえられず、童心と美の世界を追究する「童話」にのがれた未明は、作家的にはそのとき自らの生を絶ったといえましょう。

しかし、未明の「童話作家」としての栄光は、その後ますます勢いを増して、作家そのものよりも強く輝きつづけました。

戦争の時代にも戦後にも、彼が書くすべてのものが、最良の「童話」として世にもてはやされました。未明がいちばん不得意とする幼年童話の部門でさえ、彼の童話は

「幼年童話の一つの典型」として、批評家に高く評価されました。一九三一年（昭和6）に書かれた未明の幼年童話「なんでもはいります」を、奈街《なまち》三郎氏は「このもっとも短い未明童話は、幼年童話の典型を示すものといえよう。ここには、一字一句のむだもなく、ひとりの子どもの全生活が、コンデンスされている」[*8]といっています。この作品も、その批評も、ともに未明の栄光の余光の中で輝いている一例と思われますので、引用してみましょう。

正ちゃんは、かわいらしい子どもです。だから、きているうわぎもかわいらしく、それについているポケットも、もとよりかわいらしいのでありました。このポケットには、なんでもはいります。ミルクキャラメルも、ビスケットも、あるときはきれいな石ころも、木の下でひろったまっかな葉も、どんぐりの実も、またちんどんやのおじさんからもらった、こうこくのビラも、だいじそうにいれてあるかとおもうと、いつのまにかなくなっていました。きょうしょうちゃんは、おかあさんから、大きなみかんをもらいました。こればかりは小さなポケットに、はいらなかろうとおもっていると、正ちゃんは、おねえさんに皮をむいてもらい、いくつにもいくつにもわけて、ポケットにいれました。このかわいらしいポケットに、なんでもはい

らないものはありません。(原文わかちがき)

奈街氏によれば、これは絵本『コドモノクニ』に川上四郎氏のさしえとともに掲載され、「絵と文とは一体になって、リアルな美しい幼年の世界を現出していた」そうです。

拾った石ころにも、どんぐりの実にも、また広告のビラにも、子どもは愛情を持って、ポケットの中へ——つまり、生活の中へとり入れていく。そして、それらも「いつのまにかなくなって」——子どもは、つねに新しいものに、新しい愛着を求めてゆく。
「大きなみかんも、皮をむいてもらって、いくつにも、わけて入れた」——合理主義のおとなたちには、なんということもないだろう。しかし、幼児にとって、それはすばらしい発見であり、機智であり、またユーモアでさえある。

小さな、かわいらしいポケットの話でありながら、「なんでもはいります」は、その題名のとおり、ゆたかな生活性を包含しているのだ。[*9]

あの短い「童話」の中から、これほどの内容を読みとれ〻〻〻る批評家という人びとは、よほど特異な才能をもっておられるにちがいありません。

さて、この批評家のことばを忘れて、もう一度、私たちは、この作品について考えてみましょう。子どもはじぶんたちを、「かわいらしい」と思っているでしょうか。それは、大人《おとな》の感情ではないでしょうか。もし、この同じテーマをつかって、子どものお話を書くとしたら、主人公の子どもが、ポケットにはなんでもはいります、という「発見」をしたところから、何か事件がはじまるべきなのです。幼児のもつ空想力を、外にむかってのばそうとしないで、つねに大人の考えるかわいらしい「童心」の中に包みこんできたまさに一つの典型である「幼年童話」と、その批評の例がここにあります。

このように「童心」にはなんでもはいります。しかし、作家が生きた子どもをはなれた「童心」の中に、自分も外の世界までも包含させてしまうことの恐ろしさを、私たちは未明に見てきました。この特異な芸術家が、日本の近代童話の開拓期に輝いていた星であることを私たちはけっして否定しません。ただ、この輝かしい星が力を失い、変光していった道すじを、再び今後の日本の子どもの文学にたどらせたくないというのが、未明の特異な才能やその初期にみられた一種のはげしい「社会正義」への情熱を愛惜する、私たちの切なる願いなのです。

＊1　坪田譲治解説『小川未明童話集』（新潮社刊　新潮文庫）
＊2　菅忠道著『日本の児童文学・増補改訂版』（大月書店刊）一〇九ページ。
＊3　大畑末吉訳『アンデルセン童話選（上）』（岩波書店刊　岩波少年文庫）
＊4　E・ファージョン著／石井桃子訳『ムギと王さま』"The little Bookroom"（岩波書店刊）
＊5　坪田譲治編『児童文学入門』（牧書店刊）二六八ページ。
＊6　人民主義者の意。ロシア帝政末期、一八六〇～九〇年ごろ、一部のインテリによって唱えられた農本主義的な急進思想の信奉者。
＊7　日本童話協会の機関誌。
＊8　国分一太郎・関英雄・与田準一編『文学教育基礎講座(2)』（明治図書刊）四五ページ。
＊9　右の注と同じ。

浜田広介

広介の幼年童話について

浜田広介は、小川未明・坪田譲治とならんで、日本の代表的童話作家といわれ、その作品は〝ひろすけ童話〟の名で親しまれ、「幼年童話」の典型のようにあつかわれてきました。（いっぱんに「幼年童話」ということばは、特に幼児期から八、九歳ぐらいまでの子どもを読者対象としてかかれた童話、というぐらいの意味に用いられているようです。）

では、広介の作品が、すべてこの「幼年童話」を意識してかかれたのかというと、そうではありません。この点で、広介の作品を、大きく二つのグループにわけることができます。

(1)　読者対象を幼児あるいは小学校低学年の子どもにおいてかかれたもの。主として昭和初期から現在にかけて多くかかれている。このことは、雑誌、放送ジャーナリズムの幼年むけ物語への需要が多くなった時期と、ほぼ一致している。

(2)　読者対象を比較的自由に考えてかかれたもの。一般に彼の代表作といわれる作品はこの中にはいり、広介の創作活動の初期、大正五、六年から昭和のはじめにかけて発表されている。

まずはじめに、(1)のグループの系列に属する作品について、広介の「幼年童話」を考えてみましょう。

代表的なものとしては、「ほたるとこども」「まごのこおろぎ」「こざるのおしょうがつ」「こりすのはつなめ」「みみずくとお月さま」「くつのかたかた」「ちらちらオルガン」、それに「こぶたのとことこ」「はなとちょう」などの作品があげられます。もっともこれはごく一部分で、その作品数はたいへんな数になるようです。これらは四百字詰原稿用紙一枚にもみたぬ短いものから、長いもので十五枚ぐらいの作品です。いまその中の一篇「こぶたのとことこ」を例にあげてみましょう。なぜ特にこの作品をえらんだかといいますと、一歳十ヵ月から三歳六ヵ月までの子どもたちを保育しているある保母さんが、いつもなかなかお話をきかないこの組の子どもたちがよろこんだお話として、この作品の名をあげたからです。

それはこんなお話です。

ちいさな　こやに、こぶたが　いました。こやで　うまれて、まだ一ぺんも　そとにでません。こぶたは　でたくて　なりません。

「ぶう　ぶう、でたい。ぶう　ぶう　でたい。」

と、なきました。

そこで、おかあさんブタが、畑をあらすといけないから、畑のすみを三べんまわってくるようにといって、子ブタを出してやります。子ブタはよろこんででかけます。

よい　おてんきで　ありました。にわをとおって　ゆきました。めんどりさんがみていました。もんを　とおって　ゆきました。いぬが　だまって　みて　いました。みちばたに　きが　ありました。きの　したを　とおって　ゆくと、きの　うえで　からすがみて　いて　なきました。

「かあ　かあ、かわいい　こぶたさん。」

ゆくと、かわが　ありました。きの　はしが　かかって　いました。はしを　わたって　ゆきました。すると　はたけが　ありました。

子ブタは、ブタ小屋のなん百ばいもある広い畑を、とことこかけてまわります。

けれども　げんきな　こぶた　です。とこ　とこ　かけて、はたけの　まわりを　ぐるっと　まわって　なきました。

「ぶう　ぶう、やっと　ひとまわり。」

こぶたは　とことこ　かけました。かけ　かけ　まわって　なきました。

「ぶう　ぶう、これで　ふたまわり、三べん　まわって　しまいだよ。」

こぶたは　とことこ　かけました。ぐるっと　まわって　三どめ　でした。

子ブタはいきが切れ、足がよろよろしてきました。さてどうなるのでしょう。さきを読もうとしたら、そこにはたった一行、つぎのような文句が書かれてあるきりでした。

すこし　おやすみ　いたしましょう。

あっけにとられて、私は、思わずつぎのページをめくりました。印刷のまちがいかなとさえ思ったほどです。しかし、この問題はしばらくおくとして、この作品を私に教えてくれた保母さんは、こんな感想を語っていました。

「子どもがよろこんだ原因は、センテンスの短い文章で、たたみかけるようにお話を展開しているので、子どもたちがついていったのではないでしょうか。でも、言葉づかいは、読んでいてとても気になりました。」

この作品には、小さなブタ小屋から、広い世界へはじめて出た子ブタの、楽しげなようすがわりあいよくでています。うれしそうに子ブタがとことこと走っていくさまが、短い文章でつぎからつぎへと展開していきます。話の筋が、子ブタの動きをとおしてすらすらとはこばれていき、特に情景描写や説明などありません。だから、子どもたちは、子ブタの動きにつられて、たやすくお話が理解できます。このように、物語の筋の流れがはっきりしていることは、幼年童話では第一にたいせつなことです。なぜでしょう。

幼児の物語は、その多くが空想的な現実ばなれした話です。しかし、おとなからみれば現実ばなれしたこの世界も、幼児にとっては、現実の世界と同じ価値をもった確たる世界なのです。はっきりと目にみえ、やすやすとそこへはいりこめる世界なのです。

　この空想の世界へ子どもたちを導く案内人が物語です。この案内人がたよりないと、子どもたちはいつまでもその世界へはいれず、うろうろと迷うことになり、不安の中にとりのこされます。ですから、物語は、しっかりと子どもの心をとらえ、つぎにのびのびと子どもの心を楽しませ、最後に、子どもたちをおいてきぼりにしないで、いきつくところへつれていかなくてはなりません。つまりはじめからおわりまで、しっかりと筋のとおった、子どもを迷わさない物語でなければいけないのです。それが、子どもたちに、いちばんわかりやすいことですし、わかりやすいということは、おもしろいことへの第一歩です。

　ふたたび「こぶたのとことこ」へもどりましょう。つぎにこの物語は、主人公が子ブタであるというのも、なんとなくユーモラスな味があり、幼年童話としてよい点です。しかし、このユーモアは、子ブタという素材のもつおかしさによりかかっているだけで、物語全体の綿密な組みたてからにじみでてきているものではありません。ユーモアの要素は、児童文学にとってひじょうにたいせつなものですが、日本の児童文学にもっともとぼしい要素でもあります。かろうじて、宮沢賢治・新《にい》美《み》南吉《なんきち》・千葉省三などに本格的なユーモアがみられるくらいです。

　さて、こうした不満はあるにしても、この作品「こぶたのとことこ」は、日本の幼年童話としてはよいものです。しかし、この作品は、最後のしめくくりの部分で致命的なあやまりをおかしています。物語が、しり切れトンボにおわっていることです。子ブタが三回めをまわりおえて、さてひと休みというところでおしまいになっています。これでは、子どもたちは満足しません。これから子ブタがどうするのか、それが知りたいのです。たとえば、三回まわってへとへとになりました、それでも子ブタは満足して、おかあさんブタのまっている小さい小屋にかえっていきました、というのなら、それでもよいのです。「すこし　おやすみ　いたしましょう」では、まだつづきがあることになります。子どもは、いったん興にのったはなしは、最後の結着がつくまであきることを知りません。「それで？」「それから？」と、つぎをもとめます。そして、物語がおしまいだというときは、たとえば、主人公が家にかえるとか、たべられてしまうとか、めでたく王女さまと結婚して、すえながく幸福にくらしましたとか、お金もちになりましたとか、そのかたちはどうでもよいのですが、お話がおちつくところへおちつかないと承知しません。

　事実、この物語を五歳と四歳の子どもたちにしてやったのですが、はじめのうちは、けっこうおもしろそうに聞いていました。ところがおしまいまできて、「すこし　お

やすみ　いたしましょう」といいおわっても、おしまいだと気づかないのです。そこで「これで、このお話はおしまい」とつけくわえると、キョトンとした顔をしていましたが、五歳の男の子は、「チェッ、これでおしまいか、つまんないの」というし、四歳の女の子は、「つづきをしてよ。もっとネェ」といってせめました。せっかくおもしろく聞いていたのが、最後にはぐらかされたため、それまでのおもしろさが消えてしまって、うらぎられたような感じをもったのでしょう。もしこれが、はっきりとした結びのある物語だったら、「ああ、おもしろかった」と満足するはずです。

アメリカの創作童話で、マージョリー・フラックという人の書いた、「くまさんにきいてごらん」[*1]という作品があります。原作者の手でえがかれたさし絵とともに、一冊のすばらしい絵本になって、広く読まれている物語です。日本でも、この絵本はほぼそのままのかたちで訳されて、『おかあさんだいすき』[*2]という書名で出版されています。

物語の筋は、ダニーという男の子が、おかあさんの誕生日に何かプレゼントをしたいとおもいたち、つぎつぎと、ニワトリ、ガチョウ、ヤギ、ヒツジ、ウシなどに相談します。ニワトリは卵を、ガチョウははねまくら用のはねを、ヤギはチーズ用のちちを、ヒツジは毛布にする毛を、ウシはミルクをあげようといいますが、どれもこれもおかあさんが持っているものばかり。しかたなく、最後に森にすんでいるクマのところへ、ひとりで相談にいきます。するとクマは、そっといいことを教えてくれました。ダニーは家へとんでかえって、クマに教えられたとおり、おかあさんの首にだきついて――英語でそうすることを〝クマだっこ〟といい、クマが登場してきた理由がわかります――キスをしてあげました、というはなしです。

「こぶたのとことこ」と、この「くまさんにきいてごらん」を比較してみますと、幼年童話の物語の組みたてが、いかにあるべきかがよくわかります。フラックの作品には、子どもの生活感情のすみずみにまで共感をおこさせる、きわめて高度な文学的な心づかいがなされています。まず物語の主題が、つぎに物語を組みたてている素材の一つ一つの選択が、子どもの生活感情と密着したところでおこなわれています。動物たちの登場のさせ方、物語の筋の展開をたすけている「くりかえし」の手法と用語の選び方などは、舌をまくようなうまさがあり、特に、たったひとりでクマに会いにいくクライマックス・シーンの緊張感は、みごとです。最後の〝クマだっこ〟による、結末のドンデンがえしは、密度の高いすぐれた短篇小説と同じです。この作品を読みますと、幼年童話が十分に文学としてなりたつものだ、ということがはっきりします。しかも、子どもの心と密着したところで成立することもわかります。

それにくらべて、「こぶたのとことこ」のほうはどうでしょう。物語を書こうとした動機から、主題の選び方、話の筋の組みたて方、その筋をささえている一つ一つのこまかい部分、特に結末が、いかにもよわいのです。それでなければならない、他のどんなものとも置きかえることのできない、のっぴきならぬような物語の組みたて方ではありません。広介は他の日本の童話作家に比して、説話形式による物語の展開のさせ方はうまいのですが、それでもフラックの作品が、くりかえしのたびごとにずんずん物語が発展し、緊張をたかめていくのに、広介のほうは、同じ平面をぐるぐるまわっているだけで、すこしも物語が発展しません。これなど、説話文学に対する理解が不十分なためにおこる失敗です。

リズムは、どうでしょう。ここでちょっと広介童話の特色であるリズムを考えてみましょう。なぜなら、その「作品にあるリズムがわからないかぎり、ひろすけ童話へのあじわい、理解は深いとはいえない」と、彼自身いいきっているからです。そして、童話というものは、全体を通して音楽的な調子をもつべきで、それは形式にたよるだけでなく、ことばづかいにふくまれるものであり、散文に七五調をとりいれてつづるだけでなく、使用することばそのものの語感の協和がかんじんだといっています。なるほど、彼の童話には、どの作品にも共通するリズムがあります。それはどこから出てくるのでしょう。

どこから、それが生れてくるのか、わたしの処女作といわれるものは、今から遠く四十年もむかしに書かれているのであるが、その初めから、文章の調子は、つづいているのである。おもうに、これは、わたくしが育った時代の学習ならびに文学修業の感化、影響の総合体から、しぜんに出てくるものであろうか。[*3]

しかも、このリズムは、

文章が、そのような調子を持ってうちがわに動いてこないと、先きを書く気が、はずんでこない。こう書きたいと、書くことが、その心像に浮かんできても、調子の点でまごつくと、ことばがすぐにとどこおる。その反対に、ことばが、ちょうど流れるように出ていくと、たのしくなってわたくしは、つぎからつぎへ思いをのばしていけるのである。[*4]

というように、リズムこそは、彼の創作のカギとなる重要なものです。

広介の童話が、どれを読んでも、いつも同じような印象を与えるのは、これが大きな原因でしょう。彼にとっては、書きたいとおもうことがあっても、このリズムにのらないものは作品になりません。作品はすべて、このコンベアーのようなリズムにのらないと完成品として生まれないのです。こののっぴきならないリズムの定着は、広介の文学世界をささえてはいますが、同時にその世界を固定化する働きをもち、ついには広介の発想（創作をするもとになる考え方、ものの見方）をきめてしまうことにもなったのです。広介は、巌谷小波などの「お伽噺」に反発して、童話の中に真実性《リアリティ》をもりこもうとしたのですが、この変化のない、単調なリズムの固定化は、作品の劇的なもりあがりをよわめ、真実性をもよわくしています。広介の童話がマンネリズムだといわれるのも、このためです。

童話におけるリズムというのは、一定のものではありません。書きたいとおもうことを作品にしようとする過程で、私たちの生活の中にあるいろいろなリズムから、その素材にあったリズムを選択し、子どもの心にあうように洗練し、作品に完成させていくものです。俳句のようにはじめに一つのリズムがあって、それにあてはめて書くのでは、素材のとりあつかい方が限定され、したがって、しばられることのきらいな子どもの自由な心をひきつけることはできません。さきにあげたフラックの作品のもつリズムは、物語の主題をあるかたちにはめてしまうようなリズムではなく、逆に、語ろうとしている主題へ、子どもの心をぐいぐいとひきつける働きをするリズムです。物語の主題とピッタリしています。児童文学——特に幼年童話の作者は、このようなリズムのつくりだせる、柔軟な心の持ち主のはずです。作者にとってつごうのよいリズムでも、子どものもとめているものとちぐはぐでは、児童文学として無意味です。「こぶたのとことこ」を読んだ保母さんが、「ことばづかいがとても気になった」といったのは、子どもをよく知っている人として当然だとおもいます。

広介の幼年童話の、もう一つの系列の作品をみてみましょう。「はなとちょう」というのがあります。「こぶたのとことこ」が一種のナンセンス・テールだとしたら、これはスケッチ童話とでもいうべきものです。

チョウチョウが菜の花畑の上をとんでいます。スズメがそれをみつけ、たべてやろうとんできました。でも、チョウチョウが菜の花にとまると、姿がみえなくなりました。黄色いチョウだったのです。

「ちょうちょうが、はなに　なったよ。」

すずめは、くびを　まげながら、ちりんちりんと　さえずって、そこから　とん
で　いきました。

ただこれだけの、原稿用紙一枚にもみたぬ短い話です。ある批評家は、この作品を読んで、「人生の真実を認識する第一歩である。追われ、かくれ、また現われる、こうした人生の姿が幼児の心性に即して凝縮された作品である。この人生の真実を中心に、幼児は、蝶《ちょう》、雀《すずめ》、菜の花などの存在を確認し、しかもそれが凝縮されていることによって感性豊かに伸びて行く」[*5]と評しています。「人生の姿が幼児の心性に即して凝縮され」とは、どういうことでしょうか。また、それにより幼児の感性がゆたかになるものでしょうか。だいたいこうした作品から人生を読みとるような態度は、児童文学からなくしたいものです。また、かりにこの作品が、人生をえがいたものであったとしても、そうした人生を「ながめる」態度や心性は幼児のものではありません。彼らには、何かをながめて、人生を考えるというようなことはできません。子どもは、もっと能動的で、行動しては見、見ては行動するといったエネルギーの持ち主です。この「はなとちょう」は、こうした子どもを引きつける動きや、まとまった話の筋だてというものを、一つもそなえていません。

にもかかわらず、さきほどあげたような評価がなされるのはなぜでしょう。浜田広介は、「お伽噺」を文学としての「童話」にまで高めた作家だと、一般的にいわれてきました。この、文学にまで高められた童話とは、いったいどんな童話なのでしょう。子どもの文学として、どのようにりっぱな童話なのでしょう。その点を、最初に広介の作品を分類したときに、(2)のグループとしてあげた、彼の代表作といわれるものについて考えてみましょう。

「花びらの旅」

このグループに属するおもな作品には、処女作で『大阪朝日新聞』に応募当選した「黄金の稲束」(大正5)をはじめ、「よしの葉鳥」(大正6)、「よぶこどり」(大正7)、「花びらの旅」(大正8)、「一つの願い」(大正8)、「むく鳥の夢」(大正8)、「みそさざい」(大正9)、「じぞうさまとはたおり虫」(大正10)、「ますとおじいさん」(大正11)、「白いきこりと黒いきこり」(大正12)、「ある島のきつね」(大正13)などがあり、これらは、『ひろすけ童話読本』全五巻(第一、二巻大正13年、第三巻大正14年、第四、五巻昭和4年刊行)におさめられています。これ以後には「泣いた赤おに」(昭和8)、「第三のさら」（昭和11）などもあります。これ以外に〝ひろすけ童話〟としてよく知られている「犬と少年」（大正13）、「竜の目の涙」（大正14）、「五ひきのやもり」（昭和3）などは、外国や日本の昔話などに原話があり、それをもとにした翻案あるいは再話と考えて、一応はぶくことにしました。また「ひろい世界」（昭和30）などの比較的長い作品も、ここではふれません。

以上あげた作品をさらに分類しますと、(イ)説話形式でかかれたものとして、「黄金の稲束」「よしの葉鳥」「よぶこどり」「白いきこりと黒いきこり」があげられ、(ロ)説話的要素の少ない空想物語として、「花びらの旅」「一つの願い」「むく鳥の夢」「じぞうさまとはたおり虫」「みそさざい」「ある島のきつね」「泣いた赤おに」などがあり、それ以外でリアリスティックな作品として「ますとおじいさん」があげられます。

「お伽噺」から「童話」へ、そしてその「童話」を文学にまで高めたといわれる作品は、主として(ロ)の作品群をさしています。では、広介があらわれるまでの子どもの物語というのは、どんなものだったのでしょう。巌谷小波を頂点とする、いわゆる「お伽噺」がそれです。完全な説話形式の物語で、その亜流にはずいぶん勧善懲悪的教訓のつよくでたものも多かったようです。小波の「お伽噺」の代表作としては、皆さんが昔きかれた「桃太郎」をおもいだしてください。

広介も、小学校二、三年のころ、小波の「お伽噺」を愛読しました。しかし大正三年（21歳）に早稲田大学へはいって文学を勉強するようになり、外国の近代文学や童話作品に接するようになってからは、こうした「お伽噺」には批判的な考えをもつようになりました。そのことを広介は、つぎのようにいっています。

（そのころは）読むことだけに熱中して、トルストイやチェホフなども読みましたが、とりわけ革命前夜の文学、クープリン、アンドレーエフ、ソログープ、アルチバセーフ、ザイツェフ、ブーニン等を読みました。そして私はフランスの象徴主義からあきらかに影響をうけたと見られるこれらの作家群の作品をとおして、そこから思想というよりも、むしろ象徴的気分ともいうべきものを吸いとったと思っています。*6

そしてこのとき、同時に、アンデルセンやワイルド、ソログープなどをとおして童話への関心をふかめ、特にアンデルセンの作品から、つよい印象をうけたようです。

（巌谷）小波先生のおとぎばなしを読みふけって、つぎにめぐり合ったのがアンデルセンの童話であった。一つ一つとアンデルセンの童話を読んで、驚異をたかめ、興奮にかられていった。小波先生のおとぎばなしは、ひとくちにいってみれば、話である。口から耳につたえるものを活字に組んで読ませたものともいえるのである。その表現は部分的な描写を止《や》めて、もっぱら筋をかたるのである。まさしく説話体である。それにくらべて、アンデルセンの童話には、こまかな描写が随所にあらわれ、作者自身の感覚がみごとに出ており、詩的情緒がただようのである。架空のための架空は無くて、あるものは、童話における芸術性のゆたかさである。それは、もはや、おとぎばなしというものではなく、文学の一形式とよばれてあるべき童話である。[*7]

こうして広介は、新しい童話のあり方をアンデルセンにもとめた結果、「一九一九年（大正8）の作『花びらの旅』などは、その勉強から生まれ」ることになりました。

ある大川口の葦《あし》のあいだへ小さな花びらがながれてきました。魚の子たちが、それを見つけて、しずかにひれをうごかしながら集まりました。

花びらは、葦の葉かげによってきて、つぎのような物語をいたしました。[*8]

とはじまるこの物語の中で、一枚の花びらは、ちりぎわにスズメにくわえられて遠方へはこばれ、やがて川へながされ、いくどもうずにまかれながら流されているうちに、すっかりきずだらけになってしまいます。

花びらは、ほっとかすかな息をつきました。そして目を青い空の方にむけながらもうしました。「けれども、私は、たいそう満足なのでございます。あの野原の中にちってしまった花びらたちは、そのままみんな土となりました。けれども、私はゆかいな旅をいたしました。そして子すずめさんや、あなたたちのようなかわいいお子さんたちといっしょになることができました。」

やがて花びらは、魚たちとわかれて、海へ流されていきます。

その日のうちに花びらは、青い青い海に着きました。けれども、それが空であったか、海であったかはよくわかりませんでした。ただ、ぼんやりと広いところに出たような気がしました。そしてそのまま目をつぶったきりでございました。

なるほどこの作品には、「お伽噺」にはなかったまったく新しい要素があります。それは、いたるところにみられる情景描写や心理描写です。また、花びらにたくして何かを象徴していることや、すべての運命を善意に解釈してうけいれていこうとする、作者の人生観ともいうべきものがもられている点です。広介が、これからの童話には「文学として個のうごき、個のセンス」が出なければならないと考えたのは、こうしたことなのです。たしかに描写や象徴、それに作者の思想を作品にもりこむことは、あながちに否定はできませんが、広介は、描写をもちこむことで物語の流れや組みたてを混乱させ、象徴的な気分や人生観をだそうとして、子どもばなれのした作品にしてしまいました。

たとえば、物語の導入部の花びらの夢の場面など、いつまでも情景描写がつづくので、物語の筋がすこしも発展せず、むしろ読者を混乱させてしまいます。また花びらがスズメにくわえられてとんでいくところで、物語の筋の発展と関係のない花びらの心理描写が、理屈っぽくくどくどとつづくので、やはり読者を混乱させます。もう一つ気になることは、現実から回想場面へはいり、とつじょとしてまた現実へもどってくる処理のまずさです。これも子どもをとまどいさせるようです。さらに、この物語の筋の運びがよわめられている原因は、主人公の花びらが、偶然の事件の連続のままに流されていくことです。そのうえ、この物語の筋の運び手は、花びらではなくて、実は物語の舞台にあらわれてこない「運命」です。物語のにない手が、抽象的な目にみえないものだということは、読者である子どもには、とても理解しにくいことです。

同じように偶然の事件にもてあそばれ、ふしぎな運命をたどる物語に、アンデルセンの名作「親指姫」があります。花びらと同じように、親指姫もつぎからつぎへと旅をします。しかし、花びらがしまいまで運命のあやつり人形であったのとはちがって、姫は、最後にツバメをたすけてやることにより、じぶんの生きがいをみいだします。それは、もっともつよい自己主張ともいうべき「愛」にまで高められています。その後は、姫はじぶんの考えで、運命をうけいれようとしますが、結局は自己の「愛」に忠実に生きる決心をし、ツバメとともに飛び去って、やがて幸福な生活にはいります。「花びらの旅」と「親指姫」では、こんなにも本質的な違いがあります。子どもの文学としてどちらが本筋であるかは、もうおわかりでしょう。

もう一つ、物語の結び方で、アンデルセンと比較してみましょう。それは、「花びらの旅」の結末が「死」を暗示している点です。この結びは、東洋的な考え方、すべては「無」に帰するということをいっているのかもしれませんが、やはり一つの「死」

にはちがいありません。広介の代表作中、結末に「死」が暗示されているものには、「一つの願い」「じぞうさまとはたおり虫」などがあります。

「死」でおわるアンデルセンの代表的な作品は、「マッチ売りの女の子」です。それはこうです。

寒い次の朝になりました。家の隅《すみ》っこに、小さな女の子が赤い頰《ほお》をして、口もとには微笑さえ浮べて——けれども、死んで、うずくまっていました。過ぎ去った古い年の最後の晩にこごえ死んだのでした。新しい年の太陽がのぼって、小さいなきがらの上を照らしました。女の子は手に一たばのマッチを持っていました。それは、大かたは燃やされていました。この子は暖まろうとしたのだ、と人々は言いました。けれども、この女の子が、どのような美しいものを見たか、また、どのような光明につつまれて、おばあさんといっしょに、新年のよろこびをお祝いしに行ったか、それを知っている人は誰《だれ》もいませんでした。[*9]

同じ「死」という問題でも、「花びらの旅」の最後の一節と、「マッチ売りの女の子」の最後の一節とでは、マイナスとプラスほどにちがいます。一方は、「死」により、それまでの物語をなんの意味もないものとしていますし、他方は、反対に物語全体に深い意味を与えています。「一つの願い」の結末のランプがたおれる――つまり死ぬ――ということも、主人公の悲劇性をつよめる以外に、特に積極的に訴えるものはありません。

アンデルセンの文学から影響をうけ、それを学んで書かれた「花びらの旅」は、私たちのみる範囲では、アンデルセンの文学とは似ても似つかぬものでした。

その他の作品

広介は、少年のころ、よく祖母や母から昔話を聞かされました。

冬の夜、こな雪が窓をさらさらと吹きつけるとき、あるいは、ふぶきが、ぱったりと止《や》んで、寒夜の星が、いちめんにさえて光っているようなとき、母とコタツに向き合って母の話を聞いたのである。哀れふかい話のなかには、「米んぶく、ぬかんぶく」とか、「お糸から糸」とか、いうような、まま子いじめの話があった。わたくしは、心をとめて聞き入った。涙の粒がひとたまりもなく、ほろり、ほろりとこぼれおちた。

「ほら、また、泣くよ。泣くのでは――」と、母が、いった。わたくしは、母が話を止《や》めにするのをおそれるように首を振った。のどが、ひっつるようであった。手の甲で涙をふいて、わたくしは、ほおをこすり、いくらか胸を張るようにした。

母は、わらって話をつづけた。（中略）いろいろな話を聞いたが、わたくしのあたまのなかには哀れふかい話ばかりが残ったように思われる。（中略）哀傷だけが、ひとり、大きく、わたくしの生《お》い立つ心に働きかけたといっていい。*10

こうして育った少年は、青年になりアンデルセンをみいだしました。

わたくしは、アンデルセンの童話を読んで、ここにまた、哀れなものを見いだして心をひかれた。母から聞いた昔話で涙をながした少年が、青年期に来て哀傷の郷愁にかられていったと見てもよい。それとも、あるいは哀感に打たれることによろこびがあり、たのしくもあるかのようなありかたは、わたくしという人間の生れつき、性格的な気質によるのかもわからない。しかし、そのような気質にもとづくものにせよ、アンデルセンの童話における哀れさには、人生的な深さがあるのを知ったのである。*11

「むく鳥の夢」「よぶこどり」「花びらの旅」「一つの願い」「じぞうさまとはたおり虫」、そのどれにも、この哀感がただよっています。ことに「むく鳥の夢」における子どものむく鳥の、死んだ母親に対する哀傷の姿は、広介でなければえがけないものかもしれません。この作品では、「花びらの旅」にくらべ、かろうじて運命に対するほのかな抵抗のようなものが感じられます。

物語はこうです。母鳥の死んだことを知らないで、毎日毎日、その帰りをまちわびているむく鳥の子が、冬になって、たった一枚、枝にのこった枯葉をみつけます。むく鳥の子は、その枯葉が、毎夜、風にふかれてカサコソなる音に、母鳥の羽音やささやきを感じ、しだいに、この一枚の枯葉に親しみをおぼえます。そうしたある日、枯葉が、今にも風にふきとばされそうなのをみて、巣の中にあった「馬の尾の毛」を持ち出し、枯葉をその毛で枝にくくりつけます。ようやく安心したむく鳥の子は、その夜、夢をみました。

どこからか、からだの白い一わの鳥が飛んできて、ほらの中までちょこちょこと

はいってきました。むく鳥の子は、おどろいて、

「ああ、おかあさん。」

と、よびました。

けれども、白いその鳥は、なんにもいわずに、やさしい二つの目をむけて、子どもの鳥をながめました。

むく鳥の子は、その白いからだにとりすがろうとしましたが、白い姿は消え、夢もさめてしまいます。

あくる朝早く、むく鳥の子がほらの出口にでてみますと、枯葉にはうっすらと雪がかかっているだけでした。

それを見て、ゆうべのゆめにきた鳥は、もしかしたら、この白い葉であったのかもしれないと思いました。むく鳥の子は、羽でたたいて葉の雪をはらいおとしてやりました。

この物語は、全篇をつうじて、むく鳥の子の母親への思慕の情がこまやかにかかれ

ていて、心ひかれるところがあるのですが、まず冒頭に近いつぎの箇所で、私たちはつまずきました。

それは、むく鳥の子が、父親のむく鳥といっしょに、暖かい巣の中で冬をむかえたある日のことです。

けれども、天気のわるい日がきて、そとへでる日がすくなくなると、むく鳥の子は、ある日、じぶんのかあさん鳥に気がつきました。かあさん鳥は、この世にいなくなっていました。けれども、それとはしらないで、とおいところにでかけていったと、そうばかり思っていました。とうさん鳥が、いつか、そう、おしえたからでありました。

この一節を読みあったとき、私たちの間では、つぎのようなやりとりがありました。

——天気のよいうちは、なぜ気がつかなかったのか。

——「ある日、じぶんのかあさん鳥に気がつきました」というのは、世の中には、母親というものがあるのだ、ということに気がついたという意味か、あるいは、じぶんの母親がいないことに、気がついたという意味なのか。

――「かあさん鳥は、この世にいなくなっていました」というのは、作者が、かあさん鳥は死んでしまっていたのだということを、読者に説明しているのか、あるいは、むく鳥の子がまわりを見まわしてみたら、母鳥がいないことに気がついたという意味か。

――「けれども、それとはしらないで、とおいところにでかけていったと、そうばかり思っていました」というのは、いつからそう思っていたのだろう。

――「いつか」と、そのすぐあとで書いている。

――それでは、なんだか順序が逆じゃないか。

――この「いつか」というのは、すこし前にある「ある日」の先かあとか。

――「いつか」というのは、記憶がぼんやりしているくらい前なのだから、「ある日」より昔だ。

――それは、おかしい。作者は、「あと」の意味でいっているのではないか。「あと」でなければ、この部分はなりたたない。

――これじゃ、子どもは、どう読むだろう。

そして、とうとうわからないまま、つぎへ進むことにしました。

さて、つぎには、この物語の中心になる、むく鳥の子が枯葉を枝につなぎとめる部分です。これは、オー・ヘンリーの「最後の枯葉」という作品をおもいださせます。オー・ヘンリーの作品では、病人を元気づけるために、こっそりと、彼の見まもる壁の上に、あざやかな木の葉をえがきつけておく隣人のおこないになっています。それは、かくれた美しい人情がテーマでした。しかし、広介の作品では、枯葉を散り落とさない工夫は、人間ならぬむく鳥が、「馬の尾の毛」でつなぎとめるという、不自然でおかしなおこないになっています。むしろ、こういう不自然なおこないにすりかえたために、さかのぼって、巣のなかからつごうよく「馬の尾の毛」をみつけ出してくるようにもなったのです。

もう一つの欠陥は、やはり結びがよわいことです。このままでは、その後、枯葉はどうなったのか、むく鳥の子はどうしたか、なにもわかりません。不安定なまま物語が打ちきられています。そのため、むく鳥の子の努力も、中途はんぱな、しょせんはむだな努力におわってしまいます。このような結末では、むく鳥の子の身に自分をおきかえて、同情をもって読んできた子どもたちの心は、宙に迷ってしまうのではないでしょうか。一歩をゆずって、満足な結末を与えなかった理由が、母の死を幼い心に直接ぶつけないという作者の配慮だとしたら、それでは、なぜ「死」というような、幼い心に不向きなテーマを、ことさらとりあげねばならなかったのかを問いたいとおもいます。

それにしても、全体をとおして、夢かとおもえばまたうつつ、うつつかとおもえばまた夢というようなあいまいな気分の作品が、はたしてりっぱな子どもの文学といえるかどうかを、根本的に考えねばなりません。

この他の作品、「一つの願い」も、物語の主題はきわめて消極的です。やはりのこるものは「あわれさ」です。「じぞうさまとはたおり虫」にいたっては、すくいようのない暗さです。どうしてこうも、くりかえし子どもを暗いあわれな世界へ引きこまねばならぬのでしょうか。

最後に「泣いた赤おに」にふれてみましょう。それは、つぎのような書き出しではじまっています。


どこの山か、わかりません。その山のがけのところに、家が一けんたっていました。

きこりが、住んでいたのでしょうか。

いいえ、そうではありません。

そんなら、くまが、そこに住まっていたのでしょうか。

いいえ、そうでもありません。
そこには、わかい赤おにが、たったひとりで住まっていました。

まずはじめの、「どこの山か、わかりません」という書き出しはまったくむちゃです。導入部は、時・場所・人物などを、読者にはっきりとわからせるような書き方が、なによりもたいせつです。「むかしむかし、あるところに」ということばは、「どこの山か、わかりません」などというあいまいなことではなく、「むかしむかし」であり、「あるところ」という一つの場所を、はっきり示している約束ごとです。「どこでもいいよ」というような親切心は、子どもの文学の上ではもっとも不親切です。
つぎに、「きこりが、住んでいたのでしょうか」ということばがでてきます。読者はきこりを頭の中にえがきます。すると、「いいえ、そうではありません」と否定されます。「くまが、そこに住まっていたのでしょうか」で、こんどはクマを思いえがきます。すると、「いいえ、そうでもありません」とまたやられます。やっと、若い赤おにがひとり住まいをしていることがわかりました。なぜ、こんな書き方がされるのでしょうか。子どもを混乱させ、物語の発展をとめる以外になんの効果もありません。この部分でたいせつなことは、こうです。

「ある山のがけのところに、家が一けんたっていました。そこには、わかい赤おにが、たったひとりで住まっていました。」

これだけでよいのです。このほうが、子どもにはよくわかります。よくわかるということが、子どもの文学の第一の条件だということを、もう一度はっきりさせておきましょう。

さて、この赤おには、やさしい、すなおなおにでした。力はあるが、けっして悪いことはしません。むしろ、「わたしは、おにに生まれてきたが、おにどものためになるなら、できるだけ、よいことばかりをしてみたい。いや、そのうえに、できることなら、人間たちのなかまになって、なかよく、くらしていきたいな」と考えるようなおにです。

そこである日、赤おには、自分の心を人間に知らせるために、立札をたてました。

ココロノ　ヤサシイ　オニノ　ウチデス。
ドナタデモ　オイデ　クダサイ。
オイシイ　オカシガ　ゴザイマス。
オチャモ　ワカシテ　ゴザイマス。

この立札をみた人間たちの会話を、読んでみましょう。――をひいた下の部分は、読んだときの私たちの感想です。


「へえ、どうも、ふしぎなことだな。たしかに、これは、おにの字だが。」――どうして、おにの字とわかるか。

「むろん、そうとも、ふでに力がはいっているよ。」――なぜ、むろんか。力があればおにの字か。

「まじめな気もちで書いたらしい。」――突然まじめとわかるのがふしぎだ。

「そうなれば、このもんくにも、うそ、いつわりがないことになる。」――前の仮定が、こんどは断定となる。こんな妙な理屈で、話が進む。

「はいってみようか。」

「いや、まて。そっと、のぞいてみよう。」


しかし人間は、おにの姿をみると、やはりにげだしてしまいます。そのころ、友だちの青おにがたずねてきました。この青おには、赤おにの話を聞くと、一計を案じます。青おにが悪者になって人間をおどし、赤おにがそれをこらしめて人間に味方する。そうすれば、人間も赤おにの善意がわかるだろうというわけです。この「お芝居」はまんまと成功して、赤おには人間と友だちになることができました。その後、赤おには、青おにのことが気になって青おにの家をたずねますと、青おには、じぶんがいて赤おにとなかよくしていては、先の「お芝居」がばれて、人間がまた疑うようになるといけないから、姿を消すため旅にでるという書き置きをのこして、いなくなっていました。

赤おには、だまって、それを読みました。二ども三ども読みました。戸に手をかけて顔をおしつけ、しくしくと、なみだをながして泣きました。

この物語は、広介の作品の中でも、もっとも親しまれているものですが、その多くは、紙芝居や、スライドや、劇や、映画などに脚色されたものを通して知られているようです。こうした脚色では、原作のあちこちにある不要な描写がとりさられ、物語の筋が前面におしだされているため、原作を読むより、はるかによく話の筋がわかります。原作で、広介がこころみた描写は、物語の筋を語っていく上になくてはならぬ描写でない場合が多いのです。たとえば、「泣いた赤おに」の中で、おにの家へ人間がたずねてきた場面のおにの部屋《へや》の描写など、物語の本筋からはなれたむだな描写の典型です。

広介は、アンデルセンを通して、童話には空想とリアリズムという二つの条件が絶対に必要だということを学んだといっています。しかし、「泣いた赤おに」に限らず、彼の作品の随所にでてくる理屈っぽい描写は、物語の筋の運びと関係なく、きれぎれで、まるで思いもかけぬわき道のようなものです。描写をすることは、必ずしもまちがったことではありません。ただそれが、きれぎれにおこなわれるのでは、物語を組みたてている細部の真実性《リアリティ》の積みかさねができず、物語全体の真実性《リアリティ》がよわくなってしまいます。広介は、アンデルセンから学んだ童話に必要な二つの条件——空想とリアリズムとを、みずからよわめるような創作方法をとったのです。

広介の作品が、真の空想物語《ファンタジー》にもほどとおく、子どもの文学としても魅力のとぼしいものになったのは、こうしたいくつもの原因によるのです。

＊1　『くまさんにきいてごらん』（福音館書店刊）

＊2　『おかあさんだいすき』（岩波書店刊）〔二篇を収録。＊1は表題作の別の訳〕
＊3　国分一太郎・関英雄・与田準一編『文学教育基礎講座(2)』（明治図書刊）一五二ページ。
＊4　右の注と同じ図書　一五三ページ。
＊5　『子どもの本棚・正』（三一書房刊）昭和三一年一〇月　古田足日氏評。一八ページ。
＊6　『仔馬』（慶応義塾幼稚舎刊）昭和三〇年六月号所載。
＊7　日本児童文芸家協会編『児童文学の書き方』（角川書店刊）二九〜三〇ページ。
＊8　千葉省三ほか編『新選日本児童文学・大正編』（小峰書店刊）
＊9　大畑末吉訳『アンデルセン童話㈢』（岩波書店刊）
＊10　＊7と同じ図書　二六〜二七ページ。
＊11　＊7と同じ図書　三〇ページ。

坪田譲治

作品の分類

坪田譲治の作品が、児童文学としてどのように評価できるかを、しらべてみましょう。

譲治は、未明、広介とならんで、日本の児童文学を代表する一人と考えられています。けれども、譲治は、ほかの二人とは作風がまるでちがいます。今までの見方では、譲治が「生活童話」の典型を作ったといわれました。「生活童話」ということばは、そのまま文学の用語として通用しない、あいまいなことばですが、いうところはつまり、写実的な小説の方法を児童文学に持ちこんだ、という意味に考えてよいでしょう。譲治はその点で、未明、広介とちがいます。そしてその二人が、大人のための小説をやめたり、書かなかったりしたのに反して、譲治はたえず大人のための小説をも書きつづけてきました。むしろ、坪田譲治の子どものための作品がみな忘れられても、大人のための小説のいくつかは、あとに残るといってもいいほどに思われます。それにしても、譲治の児童文学作品は、どういうものでしょうか。

その子どものための作品を、いちばんよく代表する選集は『サバクの虹』[*1]です。これは、もっとも新しい自選集で、いろいろな傾向のものがはいっているからです。この選集の作品をひととおり分類してみると、つぎのようになると思います。

(1)　大人のための小説（「善太の四季」「コマ」）

(2)　子どものための小説（「犬と友だち」「魔法」「まさかの時」「笛」）

(3)　昔語り（「甚七《じんしち》おとぎばなし」「小川の葦《あし》」「カッパの話」「お馬」「キツネ狩り」）

(4)　夢語り（「よるの夢ひるの夢」「岩」「サバクの虹」）

このほかに、実話や昔話の再話がありますが、再話は別の大きな問題として、ここにはとりあげません。

大人のための小説が、児童文学の選集にはいっていることは、問題になりますけれども、作者の自信作として子どもにも読んで楽しめるものと考え、ここに入れられているのです。大人のための文学と子どものための文学の境目がどう流通するものか、またはどう仕分けられるかを、まずしらべるために、これをはじめにとりあげてくわしく考えてみましょう。

(2)を子どものための小説とよびましたが、いっぱんに子どものための物語の全部を童話とよぶ習慣は、あいまいです。私たちは、童話ということばをなるべく使いません。童話をファンタジー（二一七ページ参照）の意味で使う人があれば、坪田譲治の作品には童話はないと言わなければなりません。

その意味で、小説のほかに、方法のちがう二つの物語形式が見いだされます。それをかりに、昔語りと夢語りと名づけておきましたが、昔語りとは、譲治の家郷での昔の言い伝えをまとめたもの、夢語りとは夢そのままを、あるいは幻想の実感だけを書いた作品です。

ところで、このように四つの形に分類してみたものの、(1)と(2)、(2)と(3)、(3)と(4)の間に、実のところはっきりした筋目が立ちません。これは、児童文学のはたらきを考える上に、たいへん大事な問題をふくんでいると思いますので、おいおいに述べてみます。

大人のための小説

譲治は、大人のための小説を書いて出発しました。年譜でみますと、

19歳（明治41）早大文科予科に入学、小川未明に師事、独歩を読む。
20歳　前年から人生問題に悩み、以来二十年間死を思う。一度退学、八月再入学。
24歳　早大英文二年に（三度めの）復学、トルストイの「コサック」に感激。
30歳（大正8）同人誌に「正太の馬」を発表。
35歳　『文芸日本』に「コマ」を発表。
37歳　『新小説』に「正太の馬」を再録。また、「正太樹《き》をめぐる」を発表。
38歳（昭和2）はじめての童話「正太の汽車」を『子供之友』に発表。最初の短篇集『正太の馬』を出版。六月『赤い鳥』にはじめて「カッパの話」を発表、十月「善太と汽車」を発表、主宰者鈴木三重吉から激励される。
44歳　勤め先の内紛で失職、以来三年間は生活の苦闘のうちに文学一途を決心する。
46歳　『改造』に「お化けの世界」を発表、好評。

47歳　『東京朝日』に「風の中の子供」を連載。
49歳　『都新聞』に「子供の四季」を連載。

以上の経歴からつぎのことがわかります。まず譲治は、大人のための小説を書いて発足したこと、そういう小説家として位置がきまったこと、それらの大人のための小説が子どもを題材とした特別なものであったこと。つぎに、それらの小説を書いているあいだに、子どものための小説を書いたこと、それは小川未明に従い、ついで鈴木三重吉によって指導されて、『赤い鳥』に発表されたこと。

では、『赤い鳥』にどのように、何が発表されたかといえば、

前期『赤い鳥』の末、昭和二年に三篇（「カッパの話」をふくむ）、昭和三年に三篇（「小川の葦《あし》」をふくむ）

後期『赤い鳥』復刊後、昭和六年に五篇（「合田忠是君《ごうだただこれ》」「お母《かあ》さん」など。この年に新美南吉《にいみなんきち》が登場する）

七年、一月に一篇。

八年、十一月「シナ手品」、十二月「鯉《こい》」

九、十年、毎号（「スズメとカニ」「引越」「お馬」「魔法」「キツネ狩り」「ペルーの話」「岩」など）

十一年、四篇（三重吉の死で廃刊）

全部で四十二篇が、ほぼひきつづいて『赤い鳥』に発表され、この自選集『サバクの虹』の十五篇中には、この期間のものがじつに九篇もはいっています。ですから、譲治が、大人のための小説を書くと同時に子どものための小説を書き、両方の作品でおなじ材料をおなじ態度で作りあげたために、両方の境目がなくなって、やがてはこの作家も、大人のための小説家（それも子どもを題材とした小説家）でいて、またそのまま児童文学者（それも生活童話の作家）ということになった事情が、自然にできあがったと思われます。

「コマ」や「善太の四季」のような大人のための二篇が、子どものための自選集にとりあげられていること、その「善太の四季」が、『赤い鳥』にのせた「シナ手品」「鯉」「スズメとカニ」を補筆改作してできたこと、「引越」という短篇が「笛」と改題されたのとは別に、同じ題材で同じ題名の大人のための小説がまた一つあること——以上を考えれば、大人のための小説が子どものための小説になったり、その逆になったりした事実がわかります。けれども、それほど流通性のある両方の小説にも、よくみればニつのちがいが見つかります。

それはまず、両者のしめくくりのところがちがうことです。例を、子どものための短篇「笛」と、大人のための短篇「笛」とでくらべますと、大人むきの小説では、主人公の少年が笛を拾うために線路に走りこんで、電車にひかれて死にます。子どもむきのほうでは、その寸前に先生にとりおさえられて助かります。じつは作家としては、原作「引越」のしめくくりを、大人の小説「笛」のように少年の死にしたのですけれども、鈴木三重吉がそれを承知しないで、現在のように変更したということです。この三重吉の考え方に従ったためでしょうか、譲治の子どものための小説は、たいてい、死による結びをさけています。それに反して、大人のための小説では、死ぬ結末が多いのです。

たとえば「善太の四季」です。これはさきに述べたように、『赤い鳥』の三篇にさらに結びの一章をつけ足して改作したものでした。第一章は秋で、三平をさがしにでかけた善太が、出かけるたびに、傷ついたスズメやカニを見つけて遊びほうけて、三平のことを忘れてしまいます。第二章は冬で、シナ手品一行について村はずれまで行った善太が、中国人におどかされて、ひどくおびえてしまいます。第三章は春で、庭に池を掘った善太が、谷間の池で大きな鯉をつる空想にかられて、朝になると山へでかけていきます。おかあさんは「なんだか帰ってこないのではないか」などと、いじらしさのあまり心配になります。さて、第四章は夏。善太は泣きしきる三平を懸命にあやして、川の魚をセンベイで集めてみたり、橋げたのヤンマをとってやろうとしたり、とうとう、うすい橋板の上で芸当をはじめて、川へ落ちてしまいます。三平はまだ芸当のつづきだと思います。そして泣くのをやめて兄に呼びかけます。「耳をすまして三平は、その時はじめて水の流れる音をきいた。『芸当？』水にむかって、三平はもう一度きいてみた」。ここで四章は切れて、さいごにつぎのような短い結びがきます。

秋になると、善太のおかあさんは、村のどこかで三平を呼んでいる善太の声をきいた。

冬は遠い山の中の見知らぬ村道を、善太はシナ手品のさきに立って、赤い帽子をかぶって、ドラをならして歩いていた。

春は、むこうの山の谷間に虹が立つと、おかあさんには、その虹の下の山すそを善太が竿《さお》をかついで登ってゆく姿が目に見えた。

夏には、白い光の中で、善太は板橋の上で両足をそろえて跳《は》ねあがっていた。

大人のための小説で、死という結びがどんなにこの作家にとってたいせつだったかが、これでよくわかります。子どもはあくまで無邪気にふるまって、そのいじらしさのあまり、大人は死の予感におびえます。死は、さながら無邪気な者の無邪気さを宝石のようにみがきたてるばかりでなく、そのいじらしい者が永遠に失われることによって、大人のつきない悲しみを招き、はるばるとした情感を与えています。これが、譲治の初期の大人むきの小説の、ほとんどきまった型になります。

「正太樹をめぐる」という大人のための小説は、こうです。授業中にふと、わが家が火事になった妄想《もうそう》にとりつかれて、正太は夢中で村の見える一本松のところへかけつけます。松はありました。村もありました。なつかしいわが家の白壁も大屋根も、ちゃんとありました。正太は「松の樹に片手をかけると、クルリ、クルリと廻りはじめた。一廻りしてはかなたを見る。一廻りしてはかなたを見る。そこには明るい正太の家。クルリ、クルリ、正太は廻る。正太は廻る」。そこを母に見られて、恥ずかしくなって甘えます。母はぶらさがられながら、「転《ころ》げるが、転げるが」と言いながら、正太をひいて家にはいります。この小説はここまで細かく描写してきてから、ぴたりと打ちきって、それから一月ほどたったある日、母が一本松のまわりで、クルリ、クルリとまわる正太の幻を見る短いしめくくりをつけています。

　それから何日かたち、それからまた幾月かたち、母親は樹の周囲を廻っている正太の姿を見たのである。クルリ、クルリ、と小さい正太の姿。

「正太樹をめぐる」は、印象深い作品です。詩のように簡潔に自由な韻をふんだスタイルも効果がありますが、透明な秋の大気のなかに正太の幻を見る意外な結末が、読者にいたましい余韻を残します。

　死というものが、年譜にあるように、死にとりつかれたこの作家の主題でありましたが、それはまた、この作家の技巧にもなりました。昭和十八年に書かれた「文学技巧小片」[*2]という楽屋話のなかで、譲治はつぎのように述べています。「ツルゲーネフの長篇を読むと、最後において、何というのでしょうか、遠くへ心をもってゆかれる気持がします。作品が非常に遠い思い出の国へしりぞき、はるばるとした気持がするのです。でなければ、人物がどこか遠くへ、死の彼方《かなた》か、或《ある》いは行方《ゆくえ》不明の彼方の方かへ行ってしまうのです。これらは作品の余韻となって後《あと》をひくように思われるのですが、これは技巧の一つです。」

死というしめくくりのほかに、もう一つ感じられるのは、作中の子どもがたえず不安の情に裏づけられているということです。死と不安の感じが児童文学にとってどうかという問題は、あとでまた考えることにします。ここでは、大人のための小説と子どものための小説とに、同じ題材が同じ態度であつかわれているにもかかわらず、死というたいせつな（児童文学にたいせつかどうかは別問題として）結末を持つか持たないかで両者がわかれ、同時に死が作品の動機だっただけに、その切実な動機を欠いた子どものための小説が、大人の小説にくらべてずっと力が弱まっていることを指摘しておきましょう。

つぎにもう一つ、大人のためと子どものための小説をしわけている点は、大人の立場から子どもの世界をながめているか、あるいは、子どもの気持に立って子どもの世界にはいっているか、というちがいだろうと思います。浅見淵《ふかし》氏は、新潮文庫『子供の四季』の解説で、譲治の三大長篇といわれる「お化けの世界」「風の中の子供」「子供の四季」の順に、大人の世界と子どもの世界のかかわりあいが深くなる点を指摘して、つぎのようにいっています。第一の作品では、大人の世界のペシミズムが子どもの世界にも暗いものを投げかけていて、あと味に陰うつなものが残るが、次作では子どもの明るさが無意識的に大人を勇気づけるようになっており、第三作ではそれがいっそう強調されて、「恐れというものを知らぬ子供の天真らんまんさが、大人の世界に逆に活力素を注入している」。たしかにこの作家が、作品の上で次第に自信を得ていく過程がよく示されています。そして大人のためのこれらの作品では、大人と子どものかかわりあい、交渉が、筋を発展させていることも、浅見氏のいうとおりです。

けれども、子どものための小説では、子どもの内部の世界を描くだけで、大人の世界はあまりかかわってきません。それが、子どものための小説の力を減らしています。たとえば、大人のための「お化けの世界」とほとんど同じような、子どもの空想を描写した「魔法」という子どものための短篇では、ただ子どもの空想を写すだけで、大人とつながりがありませんから、筋はすこしも伸びません。

ここで、ふしぎに思う事がらを一つつけ加えます。いったい、子どもを扱えば、それが児童文学になるという誤解が、どんなに譲治の「児童」を題材とした小説を、児童文学と誤解してしまったか、ということです。それを世間一般もまちがえ、児童文学の批評家や作家もしばしばまちがえます。その例はいくらもあげられます。子どもに親しいのが子どもですから、子どもの物語に子どもがおもに登場することは事実ですが、そうかといって、子どもが登場すれば児童文学になるということはなりたちません。大人だけが登場する児童文学があっても、動物だけしか出てこない児童文学がなりたつのと同様に、すこしもふしぎはありません。いままでの日本の児童文学に、写実的でなければならないという考えの上で、子どもさえ登場させれば児童文学だという偏見がありすぎたようです。子どもの文学とは、子どもが読むものということが、その反面に忘れられてしまいました。このことは、とくにつけ加えておきたいことです。

ともあれ、譲治の子どものための小説では、当然大人とかかわりを持たなければならないところに大人の世界をとりはずしたことが、その力を弱め、ひいては「生活童話」という変則な類型をうちたてるもとになりました。

子どもむきの小説

坪田譲治は、子どもをまざまざと描き出す手腕で定評があります。それは前章でふれた部分でもわかりますが、三部作によってよく認めることができます。『サバクの虹』の解説に当たった鳥越信氏が、「生きた子どもをはじめて作品に描き出した」と述べたのは、千葉省三をのぞけば、そのとおりでしょう。その点が、未明、広介と譲治のちがいでありました。生きた子どもとは、実体のある子どもということです。譲治の小説のなかの子どもたちは、概念でなく、眼に見えるものになっています。ことに会話がたくみです。三重吉から「実感を出すためには、会話が非常にたいせつだ」と教えられた、と譲治自身のべていて、その会話は、子どもの心理を表現する手段となっています。

しかし、その子どもの実体というものは、どのように、どういう側面からとらえられているでしょうか。それは児童文学のそなえるべき条件の一つですから、こまかく考えていきましょう。

譲治のとりあつかう子どもは、多くが小学校の三、四年以下と思われます。そしてその主人公は、心理学のほうで、判断力がまだかたまらずに、何でもすぐ信じこめる強い空想力に動かされる年齢です。さきに示した無邪気さというのは、そういう性質のあどけなさのことです。作者は、こういう状態の子どもたちをいつも愛惜しているように見受けられます。

「魔法」のなかの、弟の三平君は、にいちゃんの善太から魔法ということを教わって、眼の前のチョウをながめます。

「にいちゃん、チョウには羽に目があるのね」と三平がいいました。

「バカ、チョウだって、目は頭についてるよ」

「だってさ」

そういって、三平がもう一度顔を近よせようとした時、チョウはひらひらとまい立って、三平の鼻や目の上を、その小さな翼でたたくようにして、とんでいきました。


どこに魔法があるのかを見ようとした三平は、チョウの羽の上に眼のような模様を見つけて、今度はそのほうに気をひかれます。そういう三平に、善太は気分を害します。善太の魔法も見たいし、自分の好奇心もみたしたいので、三平がそっと抗議します。それを裏ぎって、ヤユするようにチョウが飛んでしまいます。こういうスケッチは、譲治の本領です。そして、こうした状態の子どもを、譲治は「子どもは動物に近い」[*3]という言葉で表現しています。

譲治はまた、「子どもと老人は死に近い」[*4]と感想を述べています。老人が死に近いのはわかりますが、子どもは？　この作家の気持をおしはかって言えば、子どもが万事固まりきらないで純粋であるために、いつもはらはらしている親の気持からでしょうか。そう推測すると、譲治が小説のなかで子どもに死を与えている主題がよくわかります。それとともに、いつも不安の感情を与えていることも理解されます。

子どもむきの小説「笛」のなかでは、善太は笛を吹くまいとして自分の衝動にさからっていますが、自分を見捨てて一家が引っ越しをしてしまうのではないかと、おののきます。「まさかの時」には、おこづかいを渡しながら、うっかりまさかの時ともらした母親が、のちにビワの木にそのことばとともに「コノシタホレ」とほりつけてあるのを発見します。これも子どもの不安の間接例です。「かあちゃん」では、新しい靴をはいて母から離れた正太が、ふと母親がいなくなりそうな不安にかられて、もどってきて確かめます。つぎにはその不安が遊戯になります。正太はわざわざ遠くへ行ってはもどって来ます。そして母のそばに来て、目をつぶったり、確かめるために開いたりします。また、「合田忠是君《ごうだただこれ》」では、もっとそれが強調されます。合田君は、父と南米へ移住した小さい子で、父が新しい土地をさがしに旅に出た間、約束のミカンの数を毎日数えながら待ちうけます。ミカンのつきた日に、合田君は一日じゅう眼をとじたり開いたりして待ち暮らします。「この眼をあけるとお父さんが歩いてくるな、そう思ってあけてみても、やはりお父さんは出てきませんでした」。その日から十日ほどたって、父は帰ってきますが、すぐに病気で死んでしまい、合田君は父の骨を持って日本に帰ります。

これが譲治の子どものための小説のなかで、子どもをあつかっている態度の中心です。譲治は、子どもに人生の真実を与えることが児童文学の役目であると、文章にくりかえしてのべていますが、では、人生の真実とは、そのように暗い不安なものだけでしょうか。また子どもの実体とは、不安定な面ばかりでしょうか。そして、子どもに与えなければならないのは、そういう不安にみちた真実と不安定な子どものすがた、なのでしょうか。これはくりかえして反問しなければなりません。

語りものの性質

分類(3)の昔語りというものは、その形式からいって小説といえず、また昔話ふうともいえません。これは、故郷の見聞をリアルに色づけした一つの物語形式です。いったい、譲治は、望郷の作家ともいわれるほど、故郷をくりかえし書いてきた人です。その随筆は望郷の香にみちています。小説にも、故郷の幼時の経験や、故郷の出来事が写し出されてきました。けれども小説では、千葉省三のように、幼時の思い出を写生するということはしませんでした。私小説ふうに実感を拾いあげて、そこをめんみつに描写するというやりかたで終始しました。私小説という性質上、なぜ小説に、死や不安ばかり持ちこんでしまったかという理由を説明することができます。譲治にかぎらず、未明、広介そのほか今までの多くの児童文学作家が経てきた時代、環境というものが、まことに貧しくて暗いものであったのが、その理由ではないでしょうか。それらの作家が敏感で資質にめぐまれていればいるほど、時代と周囲の暗いかげは、幼い伸びざかりの子どものなかに、死や不安のような欲求不満のかたまりを形づくってしまったのではないでしょうか。こうした欲求の不満は、色こく将来を左右しないではおきません。大正時代の私小説のなりたちや作用をここで述べるつもりはありませんが、未明、広介、譲治の児童文学というものを、あの暗い私小説の流れと並行して考えてみれば、この見当はいよいよ明りょうになります。

譲治は「文学技巧小片」のなかで、「本を読むのをやめて……（退屈な日を送ると）……そのうちに、心の中にオリのようなものが滞ってきて、書きたい気がおこる」と述べています。このオリのようなものが、作者の幼時の形成期につちかわれた欲求不満のかたまりで、それを書くところに死や不安が現われてきます。ところが私たちは、まったく逆に、子どものための文学では、子どもたちの欲求をすっかりみたしてやりたいというのが本筋だと考えます。そして、みずみずしいファンタジーや、日のあたる現実性や、心のたぎる冒険ものを、吸いとるように読んでもらいたいと願います。

さて、昔語りのなかには、「お馬」のような、いきいきとしたおもしろい物語もありますけれども、だいたいは、筋が尻無川のようになくなっている、いわば随筆です。「甚七おとぎばなし」では、甚七老人が三平に小さいころのふしぎな体験を物語ります。少年の甚七がかくれんぼで一人きりになった時に、石の上にすきとおった桃のような珠《たま》を見つけます。手にとると、透明な面上にキツネが大きな口をあけるのがうつったので、あわてて投げすてますと、珠は鳥のように飛んで林のなかに消えます。『では、それだけ』おじいさんにいわれて、三平はどうも気がすみません」。まったく三平君ばかりか、読者もこれではものたりません。これから物語がはじまるのが、本当です。小さい読者は期待して、それをはずされて、なんだという気になります。ある子は「日本のお話って、いつの間にか終わっちゃうんだね」と言いましたが、外国の児童文学の場合、そんなしりきれトンボではゆるされませんでした。作者としては、一種のとぼけた感じをねらったのでしょうが、それは大人の身勝手な根性です。

ちょっとわき道にそれることをゆるしてもらいます。日本の児童文学とされるもののなかで、いちばん感想的で、メモのように短いのは、島崎藤村の童話です。譲治は、ことのほか藤村の童話を高く買って、感心しています。「実に典型的な父親の童話である。それだけに人生についての自分の知識と経験をあふれるような愛と熱とをもって、子どもたちに解《わか》りやすく語ろうとしているかにみえる」[*5]。また「イソップにも比すべき高級な処世訓とも見ることができる」[*6]と述べています。

ほんとにそうでしょうか。藤村の短篇には、たとえば「おもちゃは野にも山にも」というのがあります。玩具に恵まれないいなかの子にとって、木の葉も草の実もおもちゃだ、という感想が述べられているだけです。そこから処世訓を読みとるのは勝手ですが、悟りすました大家へのひいきのひき倒しがありはしないでしょうか。「書籍」という短篇を、譲治はひどくほめています。ある生徒が学校へ急いでいると、道ばたの草が問いかけます。生徒は「いろいろな本を読んで、こころの旅をしてみたい。それでこう急いでいる」と答えます。すると草はいいます。「まあ、この石の上に腰をかけてください。読もうと思えば、本はこの石の上にもある。名もない私でさえ、読んでもらいたいと、小さな本をひろげている」。これは、藤村のいちばん悪いところをまざまざと出しています。もったいぶった老人が、心の旅などとラチもないことを言っているのです。どこからどこまでもお説教です。「おさない者に」一席ぶっているのです。童話どころか、寓話にも比喩《ひゆ》にもなっていません。

ハーバート・リードは、随筆という文学形式を、「心の中に潜んでいる観念や気分や情緒が中心主題となって、それを形式ばらずに表現する試みで、中心主題のまわりにいくつかの孤立した観察や警句やアネクドート（逸話）が気楽に直接に結びつくものだ」[*7]と定義しています。藤村の短篇は、そんなところかもしれません。譲治の昔語りもまた随筆ふうです。中心主題に望郷の念がすわって、語り方が老人ふうです。彼のよく随筆に引用する唐詩の「故園渺《びょう》として何《いず》れの処《ところ》ぞ、帰思まさに悠《ゆう》なるかな」とか、「頭をあげて山月を望み、頭を垂《た》れて故郷を思う」とかのような索莫《さくばく》とした老境の感じは、最近の「せみと蓮《はす》の花」という随筆（小説）のなかに、よく現われています。

　随筆というよりも、もっととりとめのないものに、夢語りがあります。譲治の夢語りというものは、じつにふしぎな性質のもので、ほかにまったくその例を見ることができません。短篇「夜」「夢」「よるの夢ひるの夢」などは、作者が実際に見たであろうと思われる、きれぎれな夢のつづきをそのままに書き残したものですし、「岩」「サバクの虹」などは、脈絡のない幻想風景にすこし筋をつけただけのものです。

　夢をつづったものには、それでも夢の持つおそろしい実感があるのですが、全体のなかにこもらなければならない文学的な訴えは感じられません。夢は、児童文学のなかで、ことにファンタジーでは、よく筋にくみこまれてその発展に役立ちますが、夢そのものだけをあつかったのは、譲治のこの分類のなかに見るばかりです。そして、それはファンタジーと反対の、重苦しい描写主義の産物です。どうしてこれが、子どものために与えられる理由があるかがわかりません。人生の真実というものも、ここにはあるのでしょうか。

たとえば「夢」という小品では、「あ」という文字がくるくる回って現われます。「あ」だな、と思っていると、その後に「さ」がきます。朝のイメージを思い浮かべているうちに、いつのまにか「さ」が消えて「り」の字がつき、アリかと思います。するとそれがまた消えて、また別のイメージが映りはじめる……というようなものです。「よるの夢ひるの夢」は、戦災孤児の夢だけに、主人公の体験にひっかかって、少し筋らしいものがあり、また、孤児の哀れさを夢のほうから表わしてみせることにも工夫がうかがわれます。けれどもその終わりの部分は、動物をつかみどりにする夢になって、子どもとのつながりがなくなってしまい、全体の統一を破っています。

「サバクの虹」には、人が一人も出て来ません。無人のサバクに虹がかかって、獣や鳥が住み、木々がしげって水が流れますが、何年もたって泉のそばに岩のようなガマが住み、その泉がかれてガマがやせたころ、ふたたび巨大な虹がかかって、谷間はま

たサバクに帰し、かつて栄えたことを知る者もなくなります。この話には、終戦後の

荒廃が寓《ぐう》されているかもしれませんが、いったい輪廻《りんね》思想のようなもの、虚無のよう

なものを印象づけるほかに、なんの意味があるのでしょう。

「岩」の出だしはこうなっています。「その人はどんな人だったでしょうか。それが

私にはいえないのです。男であるのか、女であるのか、いくつくらいの人であるのか、

そして猟師であるのか、百姓であるのか、そんなことが一つもわからない人でした」。

この書き出しは、大人の小説ふうで、そしてじつにあいまいです。その人は私にいろ

いろなふしぎを見せてくれます。まずソラ豆がみな雨ガエルになります。また壺《つぼ》にい

れるとチョウになって虹に消えていきます。モモが白いウサギになります。カボチャ

がガマになります。そしてその人自身が、さいごに岩になります。ここではソラ豆が

雨ガエルと似ていること、モモが白ウサギに似ていることのような、ある物の相似の

実感はつかめます。またあいまいな人物が岩になるのも感じがあります。ですが、そ

れがすべてです。実感主義の文学のたどりついたところは、こういう不気味な実感だ

けで、動きはたらく文学になりません。これからさき学ぶべきではないと思います。

それこそ、黙して語らぬ岩になってしまいます。東洋的なあきらめ、無に化して、な

にもかもむなしくなってしまいます。この終わりは「夢だったのでしょうか。それと

もほんとうにあったことなんでしょうか。考えても考えてもわかりませんでした」とあります。それがそのまま、読者の感想になります。痛覚ともつかず、不気味な皮膚感触だけを残して、それだけで消える文学。いや、子どもには、よくよくわかる文学を与えたいものだと思います。

坪田譲治について、以上でつぎの結論がひき出されます。譲治は、大人のための作家であったと思いますが、子どものためには、自選集中「ペルーの話」「犬と友だち」「お馬」以外はふさわしいと思われません。譲治が、大人のための小説の力量を児童文学の世界に持ちこんでくれたことは、ありがたいことでしたが、方向をとりちがえて、「生活童話」という変則なタイプを以後に置きみやげにしてしまいました。譲治の文学のとるべきところ、すてるべきところをよく見さだめて進まなければならないのが、今後の子どもの文学の仕事です。

＊1　『サバクの虹』（岩波書店刊　岩波少年文庫）
＊2　坪田譲治著『児童文学入門』（朝日新聞社刊）三四〜三五ページ。
＊3　右の注と同じ図書　一二一ページ。
＊4　坪田譲治編『児童文学入門』（牧書店刊）中の与田準一「坪田譲治・人と作品のある要

素」二八五ページ。

＊5　坪田譲治著『児童文学入門』（朝日新聞社刊）

＊6　右の注と同じ。

＊7　Herbert Read: "English Prose Style" 邦訳名『散文論』

宮沢賢治

「なめとこ山の熊」を読む

はじめ、私たちにとって、宮沢賢治は、未明や広介、省三や譲治と、どこかしらちがうところがあるという予感がありました。それにまた、賢治の作品は、子どもにとっても、いろいろな問題があるだろうという予想も、働いていました。そこで私たちは、それがなんだろうということで、これまでのように彼の作品のいくつかを丹念に読んでみました。以下にまとめたものが、ある時こうも論じられたという会合の一つの実際例です。こういう読書会のたびに、私たちのあいだでは、「読みを深くしないように」というのが、合言葉のようになりました。その言葉は、先入観なしに、余計な意味をつけ加えたりせずに、できるだけ公正に、ありのままに作品を読んでいこうということでした。「なめとこ山の熊《くま》」を読んだ時の実際の記録をここにとりいれたことは、読者のみなさんにも、自分でその作品を読んでもらって、宮沢賢治と子どもの文学のつながりを問題にしたこの項のきっかけを、いっしょに考えていこうということにほかなりません。

――一九五七年三月某日、司会者「なめとこ山の熊」を読む。列席者、各自のテキストを読みくらべていく。

――読み合わせると、いろいろな本で本文がまちまちだ。筑摩版全集と、岩波文庫、新潮文庫がそれぞれちがうのは、どういうわけ？　未明、広介の時もそうだった。校訂の時にもとの原稿に当たらないですます習慣があるのではないか。

――また、決定版には、異同や注を全部本文の末尾にでもいれておく必要がある。

――この物語は、童話か小説か詩か。形式上のことではなくて、根本の態度でいうと、結局「詩」というのがふさわしい感じがする。

――なぜ詩とわざわざいう必要があろうか。そんな部類わけは不必要で、これ自体、完全な世界を持っているから、ことさら詩などという必要はあるまい。

――いや、空想と現実とがまったく融《と》けこんでいて、魂というか、純粋な真実へまっしぐらにはいりこんでいる。その意味で、賢治のほかの作品とちがって、詩だといったつもり。

——筋道を立てて書くという用意よりも、一気に感動を盛りこもうとしたのだろう。形体としてはふしぎな作品だが、作者の気持がどっとあふれて一息に語りあげたものと思う。

——ナタでけずったような作品だな。弟の清六氏が「ほとんど校正されないで一気呵成《かせい》に書き下されたもの」とこれだけに注をつけている。あらゆる顧慮を忘れて書いた例外的な異色篇だろう。

——(一同)そうだ。

——童話といっても、これは子どもに理解させることも、理解されることも頭においてない。

——いや、童話精神のみちみちた本格的な童話であることは認めたい。

——詩的とか童話的とかいう議論にこだわるまい。この一篇が一気に感動をこめて作られた点が、よくわかればいい。

——「なめとこ山の熊の話ならおもしろい」。この出だしの一句はうまい。読者をいきなり引きこんでいく。

——しかも、後に展開するすさまじい内容とうらはらになって、意外な驚きを与える第一の伏線になっている。

――さきほどの、子どもに理解させるつもりなしで書いたという話だが、じっさいに子どもにはわかるだろうか。

――筋としては、わかるだろう。

――筋としても、その点は問題がありそうだ。

――細かいところはわからなくても、気分がスッとのみこめるし、経験としてもたいせつだから。

――私は中学一年の時はじめて読んだが、あまりにふしぎでおもしろくて、そのうちみじめで悲しくてつらくて。小学校五、六年ならわかるだろう。

――私のうちの子は、小学校一年と五年のとき、桜井書店版の小型本で読んでやって、今でもおぼえている。

――私のうちの小学校三年と一年の子は、読んでやったら非常に感動した。熊の死んだところから、涙がとまらない。(付記　この稿を書く前に三年前の記憶をたしかめてみると、二人とも筋を完全に述べた)

――眼に見えるようにはっきり書いてあり、また筋が力強いから、子どもにわかる。

――眼に見える書き方、賢治の特色だ。

――いや、それは子どもの文学に不可欠の要素なのだ。(それがフンイキ的とか気分

とかあいまいなことになっていたのがいけない、など活発な議論となる）

——小十郎の描写で、「毘沙門《びしゃもん》さんの手形ぐらい大きく」など具体的で、私はいつも知人の手を思い出す。

——「キセルをタンタンと」「ニカニカ笑う」など、ああいうところもうまい。

——擬音の部分など、賢治が使っていると、いかにもハイカラにみえるが、案外あの地方で一般に通っている方言が多いのだ。それにしても感覚は賢治の持ち前で通していて、「淵《ふち》ののろっとした」「鉄砲がぴしゃっと」など、官能的な、肉体でわかる描写だ。

——この作品（ほかのもそうだが）、賢治の山歩きの経験をぬきにしては考えられない。自然の経験が血になって生きている。全体にリズムがあるが、それは山歩きのリズムだ。道をふみわけて歩く気持がありありと流れている。

——映画の移動撮影のような効果がでている。

——ユーモアも、じつにある。初めのほうの「熊の子どもらがすもうをとって、おしまいポカポカなぐりあったり」なんて。それから、そのつぎの「熊捕りの名人の淵沢《ふちざわ》小十郎がそれを片っぱしから捕ったのだ」というところ、「片っぱし」にはユーモアばかりか、むごさみたいなものがくっついて、変なものだ。

――何げない描写でいて、じーんと来るところがある。母子の熊が話をしている場面、あそこは、平和で崇高で、すごみまである。

――あの箇所のあと、「風があっち へ行くな行くなと思いながら」というのは、どういう意味か。風よ吹くなという禁止なのか、風が吹くだろうという推測なのか。

――東北弁で「風が行ぐな」といったら、推測だ。第一、風がという主格になっているから、禁止じゃない。

――熊が口をきくところ、あそこは少しも不自然でなかった。

――口をきく状態が、ごく自然に運ばれている。

――はじめに、「熊の言葉も分るような気がした」と、用意が打ってある。物語全体がそう流れていくから、自然なのだ。

――（一同、動物に口をきかせることのいろいろな場合について、議論となる）

――さて、作者は、この作品で何が言いたかったのか。

――私は、熊の母子のシーンが最初に作者の頭に宿って、あとは一気にできたのだと思う。

――小十郎の悲しさではないか。

――小十郎には、生きものをとる悲しい生業《なりわい》がつらくて、そういう自分が憤《いきどお》ろしかったにはちがいないが、そういう怒りのほかに、卑屈になる内部的な弱さがあって、そういう小十郎を怒りと弱さの結びついたものとして、賢治が一段上から両方見ている。

——賢治には、いろいろな経験があった。まず農民たちの暮らしのひどさをよく知っていた。それに仏教から来る殺生戒があった。さらに、搾取ということでは、質屋稼業《かぎょう》で身にしみていた。

——肝心なところ、あの激しい「私は」と一人称で書いている箇所はどうか。「世界がよくなれば、こんな奴《やつ》は消えてしまう」と、荒物屋の旦那《だんな》をののしっているところ……。

——この怒りはうわずっている。ゴマメの歯ぎしりではないか。こんなにうわすべりにならずに、強くえぐれなかったものか。

——狐拳《きつねけん》のところは、うわずっていない。本気で怒っている。

——本気でも、負けて負けて負けぬいている現実のすごさになっていない。

——ここは前から読んでくると、自然に作者のタンカが切れていて、私は一種のアクタイだと思う。勝手にしやがれ、どうせ貴様たちは消えてなくなっちゃうんだから、という感じ。

——むしろ、宗教の信仰の上に立って、いわば宗教的な確信で「消えてしまう」と言っているのではないか。

——いや、確信に似た言葉で、願いをもたせかけただけだ。

——そうだ、宗教的確信が、現実に当たってつかめないから、願望的になったのだな。

——とにかく、素直な言い方でなく、裏がわから言っている。力どおりに言っていない。それがここは直接にぶちまけているものだから、ひどく目立つ。

——これも、ほかの作品とくらべて、もう一度考えることにしよう。

——この物語の欠点として感ずるのだが、最後のクライマックスを書き始める文節のところ、「一月のある日のことだった」となって、小十郎に事件が予感されるきっかけが書いてない。なにか異変の起こるけはいはあるが、小十郎が死を自分で納得させられるものは現われていない。外がわから描かれてない。

——それよりも、それからあとの、熊と出会うまでの、ふだんとちがった不安が次第に増していく調子がないのは、効果的でなかった。賢治はそのへんが実にうまい人だが。

——しかし、婆《ばん》さんと子どもの扱いは、うまい。

——山にはいってから、異常な予兆がもう少し出てくるのが当然ではないか。

——山は職場だから、小十郎も平静になっているのだろう。

——山の異常が強まってくれば、クライマックスはますます高まる。前半とくらべて、このへんはずいぶん大急ぎだ。

——小十郎が幽明境を異にするあたり、意識がともったり消えたりするところはうまい。

——この作品は、一心こめて一気に語った。部分的なところに気をくばるよりも、ぐんぐん流して噴き上げたよう。作者にはこの作品に愛情があったろう。

——どうして、こんな作家が出て来たのかな。

——それに、なぜ、生前埋もれていたのかな。

児童文学の立場から

宮沢賢治は、これまで見てきた作家とはまるでちがうタイプの人です。生前には発表した作品がほとんど認められずにいて、死後三十年近い今日、輝かしい人気を持つようになりました。なぜ生前に認められなかったかといえば、その短命な一生が、農事科学者として地方に終止して、中央の文壇に文学者として没交渉だったためでしょう。そのような人の文学が、時を経た今日愛読されているということ、その事実のなかには、子どもの文学を考える上のたいせつな問題がひそんでいます。それはこうです——読者である子どもたちにとって、作者の名前も、一時の文壇的な物差しも問題ではなくて、あくまで、作品のおもしろさ楽しさだけが関心の的で、そうして残した財産は、大人の文学におけるよりも、ずっと長くたいせつにされることです。「セロ弾《ひ》きのゴーシュ」という作品が、いったん子どもたちに美しく楽しい思いを刻みつけたら、どんな場所どんな時代にも、いれかわりたちかわり小さい熱心な読者たちが、それを守りぬくものなのです。

けれども、宮沢賢治の童話とよぶ数々の作品が、子どもにとって願わしい文学であるかどうかは、今までのところ、くわしくしらべられてはきませんでした。なるほど、賢治の人と文学について、たくさんの研究があり、いろいろと論評されてはいますけれども、それらはすべて、大人がこれを鑑賞し、大人がこれを論評して、その立場からよしとするだけのことで、子どもの立場に近よせて、子どものためにどうかという見方がとられませんでした。そこで、坪田譲治氏が、「……それからもう一つの問題は、この宮沢賢治の読者は誰であるかということである」と切り出しているのは、当然のことと言わなければなりません。しかし坪田氏は、その疑問につづけて、「(それは)オトナなのか。子供なのか。子供は幾つくらいの子供か。私はこれは小学生には充分理解されないように思うのであります。中学生以上でなければならないと思います。そんな点からも、これを童話というのは、どうであろうか。何と言ってもかまわない、傑作なのだからと思いはするものの、少しばかり気になる次第であります」[*1]と述べています。

これでみると、坪田氏もまた、結局は大人の味わうべき文学、少なくとも中学生以上の理解する文学、と考えていることが明らかです。ところが、私たちは、結論をさきに述べますと、賢治の作品が、かなり小さい子どもにもよくわかる文学であり、また事実、作者は多くの作品を子どものために書いたものと思いました。宮沢賢治その人の生活上の理念や、作品にふくまれる問題(訴えようとする主題)には、たしかに、子どもには理解できない哲学上の考えがありますけれども、そういう点では、子どもの読む諸国の神話でも、「ふしぎの国のアリス」でも、同じことがいえましょう。私たちは、宮沢賢治のかなりたくさんの作品が、正しい意味で、子どものための文学であり、それが大人をさえ楽しませることができたのだと信じます。そして彼の文学は日本に珍しいファンタジーとなり、そのファンタジーもきわめて類のない独特なものであった、と思います。

その文学上の経歴

賢治の作品の性質をしらべるために、それらがいつ、どのような時期に書かれたかをふりかえってみましょう。つぎの年表がその文学上の経歴です。

14歳　盛岡中学校に入学、短歌をつくりはじめる。中学の末ごろから仏教を深く信仰する。

20歳　盛岡高等農林学校に入学、在学中に散文の短篇を書きはじめる。

23歳　同校研究生。「蜘蛛《くも》となめくじと狸《たぬき》」「双子《ふたご》の星」

25歳　「ペンネンネンネンネン・ネネムの伝記」

26歳（大正10）　一月上京して国柱会にはいり、アルバイトをしながら、たくさんの童話を書く。九月、妹トシ発病のため帰郷。「ドングリと山猫《やまねこ》」、十月、自由詩を書きはじめる。十一月「狼森《おいのもり》と笊森《ざるもり》、盗森《ぬすともり》」「注文の多い料理店」、十二月「雪渡り」愛国婦人誌に掲載、「烏《からす》の北斗七

27歳　星」、花巻農学校の教師となる。
一月「水仙月の四日」、四月「山男の四月」、八月「かしわ林の夜」、九月「月夜の電信柱」「鹿踊《しし》りのはじまり」、十一月、妹トシが死去する。

28歳　四月「やまなし」「氷河鼠《ひょうがねずみ》の毛皮」を岩手の新聞に掲載、五月、劇「植物医師」「バナナン大将」を上演、六月「シグナルとシグナレス」を岩手の新聞に掲載。

29歳　四月、詩集を自費出版。十二月、童話集『注文の多い料理店』を自費出版。

31歳（大正15）　一月「オツベルと象」を月曜一号に、「セロ弾《ひ》きのゴーシュ」、二月「ざしき童子《わらす》のはなし」を月曜二号に、三月「猫《ねこ》の事務所」を月曜三号に。農学校をやめ、四月から自炊開墾、五月にレコード・コンサート、子供会をはじめる。六月、農民芸術概論、八月、羅須地人《らすちじん》協会を開く。

32歳　肥料設計。羅須地人協会をやめる。

33歳　以後病気。

36歳　小康をえて東北砕石工場技師となる。七月「北守将軍と三人兄弟の医者」を児童文学一号に。九月上京して倒れる。
37歳　三月「グスコーブドリの伝記」を児童文学二号に。
38歳（昭和8）九月死去。

短い三十八歳の生涯を見てきますと、詩や劇は別として（ここでは扱いません）、その作品のほとんど全部が、彼のいう「童話形式」のものばかりで、二十三歳の時に筆をそめてから十余年間を、彼が童話一本やりでつらぬいたことがわかります。そして、大正十年に、堰《せき》を切ったようにたくさんの作品を書いた時期を一つの山としますと、それ以前を初期の習作期、大正十五年に教師をやめて農業の実践活動にはいったのを境目として、以後を後期の完成期と見ることができます。もちろん、大正十年から後期の境までが、中期に当たります。この三つの時期は作品別にこうなります。

【初期】（23〜25歳）「蟻《あり》と茸《たけ》」以下の〝花鳥童話〟。「二人の役人」そのほかの〝村童スケッチ〟。「双子の星」「ネネムの伝記」のような〝ファンタジー〟（以上、全集六、七巻）

【中期】（26～30歳）　童話集『注文の多い料理店』を中心とするたくさんの作品（全集七、八、九巻）

【後期】（31～38歳）「オツベルと象」「北守将軍」「セロ弾《ひ》き」「グスコーブドリ」「風の又三郎」（全集十巻）

初期の作品について

初期は、いま年代のわかっているものから推して、二十三歳にはじまるのですが、高農時代の級友の話では、高農生のころに後年のファンタジーの源がうかがわれたそうです。生来空想癖の強い人でしたから、童話を書く生地《きじ》は高農時代にととのえられていたかもしれません。そして自分の信仰を訴えようとするきっかけで、童話を書きはじめたのかもしれません。

この時期の作品は、みなかなり短い筆ならしのようで、いろいろなスタイルをこころみながら、訴えようとする主題を露骨に出しています。はじめのうちは、自ら「村童スケッチ」と称しているような、子どもの素朴な経験を写実的にうつす作品を書き（これらは後に「風の又三郎」などにいくつか生かされます）、つぎに、「童話的構図」とか「花鳥童話」とか「寓話」とか名づけているような、単純な自然や動物を空想的に動かしている作品を書き（これらは後に、中期の童話群につながっていきます）、さいごに、後期のファンタジーの下書きであるような、別世界の物語「ペンネンネンネンネン・ネネムの伝記」や「三人兄弟の医者と北守将軍」などの試作をしています。

賢治は、こういう作品の一つ一つに、「花鳥童話十二篇」とか「寓話集第一集」とかの名を与えて、一巻の子どもむきの作品集にしたてたかったらしいのですが、やはり習作にすぎない欠陥を自分から認めて、それを断念したようすです。原稿の欄外に書きこまれた注意書きが、その事情をもらしています。「貝の火」には「単純化せよ、無邪気さをとれ、因果律を露骨ならしむるな」と書き、「双子の星」には「一層の無邪気さとユーモアとを有せざれば全然不適、尋四以下の分」と書いて、小学四年以下の子どもたちのために、単純で自然でユーモアのある作品を与えようとした態度がうかがわれます。今これらのうちから、小品ながら単純なまとまりをみせたおもしろい作品をあげれば、「蟻と茸」「黒ブドウ」「貝の火」「二人の役人」「双子の星」「よだかの星」、ということになりましょう。

中期の作品

大正十年に賢治は、信心に促されて、突然上京して布教実践にはいり、一方上部の人のすすめによって、「文芸による大乗仏教の真意普及」のために、たいそうな勢いで童話を書きはじめます。言い伝えによると、日に百枚書いたそうですが、話半分としても大変です。要するに、たまりにたまっていた創作欲がさかんにあふれ出たわけで、すっかり油がのって、自信がついたのです。一ページ二十銭くらいのガリ版を日に十ページ切ってアルバイトしながら、腰に作品の原稿をぶろしきでくくりつけて、「そのうちにびっくりするよ」と笑っていたとそのころの思い出に述べられています。大正十年といいますと、雑誌『赤い鳥』創刊の三年後、『童話』創刊の一年後、そして絵雑誌『コドモノクニ』創刊の前年に当たり、この年のうちに、未明は「赤いろうそくと人魚」を、広介は「むく鳥の夢」を発表しています。そういう時代に、いくら当人に自信があったにしても、賢治の作品は認められませんでした。彼が『赤い鳥』の鈴木三重吉に作品を持ちこんで断わられたといわれていますし、また事実、大正十二年に弟の清六氏が上京して、『コドモノクニ』の婦人画報編集部に童話原稿を持参して断わられています。持ち込み原稿は、後の童話集『注文の多い料理店』の諸篇だったでしょう。今からみれば、『赤い鳥』や『童話』や『コドモノクニ』の物語の傾向と、宮沢賢治の物語の性質とは、あまりにもちがいが大きすぎました。

中期には、はじめのうち、初期からのひきつづきのようにして、花鳥童話や動物寓話と彼のよぶ単純な物語が書かれたと思われます。そのうち、「カイロ団長」「茨海《ばらうみ》小学校」「クねずみ」「ツェねずみ」「蛙《かえる》のゴム靴」などは、初期よりずっとのびのびとしてきめが細かくなり、デテイル（細部）が加わって、おもしろくもなっています。つぎに「とっこべとら子」や「雪渡り」のような、昔話を題材にした物語があらわれていることも注目されます。こうして大正十、十一年の二年間に、そういう動物や自然を題材とした作品の傾向と、民俗的な郷土模様を織りなす作品の傾向とがまじりあって、童話集『注文の多い料理店』の諸篇がまとまりました。「ドングリと山猫」「注文の多い料理店」が前者で、「狼森と笊森、盗森」「鹿踊りのはじまり」が後者です。賢治も、自分で書いたこの童話集の広告文に、「『注文の多い料理店』はその十二巻のセリーズの中の第一冊で先ずその古風な童話としての形式と地方色とを以て類集したものであって」[*2]と述べて、ここに分類した空想物語と昔話ふうの物語の二つの傾向を意識していました。

同じ広告文のなかの「この童話集の一列は実に作者の心象スケッチの一部である。それは少年少女期の終り頃《ごろ》からアドレッセンス中葉に対する一つの文学としての形式をとっている」という箇所を引用して、私は以前に、読者をあまり顧慮にいれずに、自分の内部の衝動から純粋に書いたために、「童話という一つの文学の形式」をとるようになったことを意味するのだと思いました。そしてそのことを、「純粋な考えかたをして純粋な書きかたをしたために、童話になり、子どもに読まれるようになった、とそう思います」と、賢治の選集[*3]にしるしました。その考えの根本は改める必要がないと思いますが、今あらためて、子どもたちをつねに顧慮して書いたことをつけ加え、指摘しておきたいと思います。自らのために書いたことと子どものために書いたこととは、一般には矛盾する態度のようでありながら、賢治には別々にできない一つのものであったのではないでしょうか。

前に引用した賢治の言葉は、たしかに少年少女の読者やアドレッセンス期（思春期）の読者を頭においています。それというのは、彼が大正十年の暮れに花巻農学校につとめてから、大正十三年の暮れにこの童話集を送るまでの三年間に、ちょうどその年ごろの生徒たちといっしょでしたし、生徒たちのために劇を書いて上演までしているからです。そのうえ、童話集につけたやさしい序文は、小さい子どもたちのために書かれていました。賢治には、子どもの能力を失わずに持ちつづける稀有《けう》な資質がありました。そのために、自発的に自分の衝動に従って書いても、子どもにふさわしい作品ができたと考えることが許されますし、その上に意識的に小さい人たちにわかってもらおうとする作者の意志が加わった場合、子どものすぐれた文学になるのが当然です。それを大人が、大人のための空想物語のように思いすごしてしまうのは、賢治の思想に眼がくらんで、彼の真意を見はずすことにもなりかねません。

賢治その人は、子どもを信頼し、子どもの子どもらしさを尊敬していました。反対に、大人のいつわりや、うぬぼれや、卑怯《ひきょう》さをいちばん憎みました。広告文の別の箇所には、「これは正しいものの種子を有し、その美しいものの発芽を待つものである。而《しか》も決して既成の疲れた宗教や道徳の残滓《ざんし》を色あせた仮面によって、純真な心意の所有者たちに欺き与えんとするものではない」と述べ、また「これらは決して、偽りでも仮空でも窃盗でもない。多少の再度の内省と分析とはあっても、たしかにこの通りその時心象の中に現われたものである。故《ゆえ》にそれは、どんなに馬鹿《ばか》げていても難解でも、必ず心の深部に於《お》いて万人に共通である。卑怯な成人たちに、畢竟《ひっきょう》不可解なだけである」と言っています。すると、「純真な心意の所有者」が「卑怯な成人」の裏がえしとして、年少の読者と考えられていたことがうなずけてきます。そして「純真な心意」というものが、作家の大人《おとな》製のばくぜんとした「童心」でないこともわかります。賢治は、この時期に、作品を「わらし（子ども）そだてるように」書いたと語っています。

中期の作品はおびただしかったようですが、実際の生徒たちの反応を知った教師の経験によって、整理され練りあげられて、自信のこもった『注文の多い料理店』一冊を中心とする作品群に結晶して、残りました。生徒の年齢に従って、賢治はこの一冊をアドレッセンス期にささげたのですけれども、実地に読みきかせてみたり報告をうけたりしてみると、このころの作品が小学三、四年生までの小さい子どもたちにも楽しまれるのです。

後期の作品

後期の創作活動は、農民に農事科学を実践する時から始められました。その前に、大正十一年十一月に賢治がだれよりも信じまた愛した妹を失い、その痛手のあまり、一時は出家を決心するほど強烈なショックをうけました。それが深い遠因となって、農学校をやめ、自炊開墾し、羅須地人協会を開き、肥料設計をするというふうに、実践生活を深めていくと同時に、昔からの作品をすっかり書きかえて、後期の大作を作りあげるようになりました。

この時期の作品の特徴は、まず、題材と手法が多面的になり、したがって読者の年齢の幅を一段と広げたことです。「ざしき童子《わらす》のはなし」のように、あっさりと書いた民話ふうの物語もありますし、「セロ弾きのゴーシュ」のように、自分が修業したセロのことをユーモアたっぷりに、動物たちをからませて物語にしくんでもいます。「北守将軍」のように、西域異聞と称する彼の好きな中央アジアを舞台にしたゆかいな説話体もありますし、「オツベルと象」のように、はげしい皮肉や風刺を緩急たくみな楽章のように述べた童話もあります。それに「風の又三郎」のような写実ふうのものや、「グスコーブドリ」のようなファンタジー、妹の挽歌《ばんか》を仏教の道理にのせて銀河系に運んだような「銀河鉄道の夜」などと、いずれも空想と現実の渾然《こんぜん》とした集大成になっています。

特徴の第二は、この時期の作品のほとんどが、前作の改稿であることから生まれます。すっかり自分のものにしきった題材をみがきあげて、スケールを与えるいっぽうに、このころ賢治がつき当たっていた現実のきびしさが、作品に特別な色どりを与えて、複雑な深みをもたらしています。妹の死、羅須地人協会のよんどころない店じまい、冷旱《れいかん》のひどさ、病苦、そういうものが賢治に、もはや中期のような喜びのリズムをあふれさすことをやめて、そのかわりに、しみじみとした苦《にが》さのまじる独特の奥ゆきをつけ加えたのでした。作品をねりあげた過程は、「風の又三郎」でよくわかります。世間で知られている長篇の「風の又三郎」の前に、同じ題名の別の作品がありました。それは、東北の昔話によく出て来る又三郎という風の子を借りて、風の循環とか台風とかの風の理論をお話にしたてたものでしたが、つぎには、初期の写実的な村童スケッチである「さいかち淵《ふち》」とか「ひかりの素足」とか「種山ヶ原」とか「みじかい木ペン」とかが、もう一度とりあげられてすっかり模様がえされました。今度は、山奥の実際の子どもたちの実際の生活のなかに、実際の子ども三郎君が登場して、山の嘉助や一郎の空想のなかでだけ、三郎君が伝説の子又三郎と重ね写しになるのです。「グスコーブドリの伝記」は、さらに大きな改変をとげました。賢治が十余年前に作った「ペンネンネンネンネン・ネネムの伝記」がもとになってはいますけれど、ネネムのほうは、賢治が「因果交流電燈」とよんだ私たち人間の、気化したような透明な幽霊世界、人間をあの世のX線ですかしてみたようなふしぎなおばけの世界の幻燈画にすぎませんでした。ところが「グスコーブドリ」になりますと、主人公はヘンゼルとグレーテル同様に、山小屋から追い出されてテグス工場や沼ばたけで働き、クーボー大博士に学んで火山局に勤め、万人のために身をすてるという、現実的な生涯の奥ゆきが与えられ、事件は火山の爆発に切迫していく緊密なものになりかわりました。

こうして作品のたけやゆきがのびて、現実の苦《にが》みが加わっても、子どもの読者に理解させようという賢治の用意は、このころにも忘れられませんでした。それどころか、ますます理解される幅が広がり、年齢をこえただれにもおもしろい傑作ができあがりました。

賢治は農学校をやめてひとりで開墾をはじめたころ、町はずれの松林の小屋で、土曜日ごとに子ども会を開きました。その時の思い出を二つ引用してみます。「その頃先生はいつも土曜日の晩近所の子供達を集めて童話を聞かせていたのである。外国語の原書からそのまま読んで聞かせていたのである。その子供達がある土曜日の晩いつもの通り先生の家を訪れたが先生はいくら呼んでも出て来ないというのである。たしかに物音はするというのである……後《あと》できいた処《ところ》、其《その》晩風邪《かぜ》の高熱の為《ため》一晩苦しんだという事である」[*4]（「先生と私達」伊藤克己）「（いつもみんなから馬鹿にされているその弥作の説明では）……あの人は彼の隣りにたった一人で住んでいること、沢山な本やレコードがあって、誰《だれ》にも親切にしてくれ、村の人達はいろいろ勉強を教えられていること、子供好きで彼（弥作）は夜などしじゅう遊びに行って、とても面白いむかしこ

（昔話）や蓄音機や学問の話などを聞かしてもらうこと、あの先生がいるから学校などいくらつらくても苦にならないことなど、自慢そうに話すのでした」[*5]（「くわご」佐藤勝治）

子ども会で、近所の子どもたちに昔話や外国の童話を話したり読んだりしてやったために、後期の創作のわかりよさ、幅の広さが出てきた、こう言いきってもまちがいないと思います。その実際の証拠に、死の前年に書かれた彼の手紙が残っています。それは、相手の人の童話を批評して、「どうも童話としては何かの期待を終りまで持ち越し、それがとうとう解決されないという気分を齎《もたら》さないかと思います。この点こどもらに読んで聞かせてあとでそっと質問して試《ため》してごらんになれば、答はたぶんまちまちだろうと思います」[*6]（儀府成一宛）という一句です。わずかな言葉のなかに、子どもに読みきかせながら、作品の質を確かなものにしあげていった、創作の態度がのぞいています。この前段で、賢治は、いつ終わったともわからない日本の筋なし児童文学をはっきりと指摘しています。また後段で、子どもを愛するといいながら子どもの反応にまるで無関心であった日本の当時の児童文学者たちと、まったく対立しています。そして、この作家は、子どもの満足がいくまでに自分の空想をおしみなくひろげ、いつもぼんやりうなだれているような子どもの顔をさえ輝かせる力を持っていました。高村光太郎が、「賢治さんの童話をよむと、これまでの童話類は何だか実《み》がなくて、ただ大人《おとな》が子供のためにわざと書いたものにすぎなく見えてきて、つまらないということをよく聞きます。賢治さんのは童話といっても、いつでも自分の真剣な気持と実感とを本気でつぎこんだもので、少しも子供のためにわざと子供ぽく書くとか、心の片隅《かたすみ》だけであしらって書くとかいうことのない本格的な、堂々たる文学になっています」[*7]と言ったのはそのことで、賢治は大人である自分を割引きすることなしに子どもに、通用させることのできた作家でした。

時期＼学年	1・2年	3・4年	5・6年	中学
初期	蟻と茸 黒ブドウ 貝の火	二人の役人 双子の星	よだかの星 やまなし	税務署長の冒険 フランドン農学校の豚
中期	カイロ団長 茨海小学校 クねずみ ツェねずみ 蛙のゴム靴 とっこべとら子 雪渡り	ドングリと山猫 狼森と笊森、盗森 注文の多い料理店 鹿踊りのはじまり シグナルとシグナレス		
後期	ざしき童子のはなし オツベルと象	北守将軍と三人兄弟の医者 セロ弾きのゴーシュ	なめとこ山の熊 風の又三郎 グスコーブドリの伝記	銀河鉄道の夜

以上、初期、中期、後期の作品の特徴を見てきたすえに、百に近い彼の作品から特に子どもに楽しまれると思うものを、読者の年齢にあてはめて考えた一つの試みをかかげておきましょう。異論がありましたら、これを子どもに読み聞かせて、「そっと質問して試してごらんになれば」はっきりすると思います。もちろん、賢治の思想全部をわからせるというのはむりです。その年ごろなみに感銘をうけ、長くおぼえているかどうかを目安において、私たちの身辺から、また報告から、前ページの表はかりに作られたものにすぎません。

その文学をそだてたもの

どうして宮沢賢治のような人が、大正十年ごろ岩手県の片すみで、ひとりでりっぱな子どもの文学を創《つく》り出すようになったのでしょう。こういう疑問は、だれにもおこるだろうと思います。

素質という内部の事情はどの作家にも潜む秘密ですから、あまり触れません。ただ、彼の素質が狂気に近いほどに並みはずれた空想力にめぐまれたこと、それが、賢治の文学をまね手のないものにしたことを、言いそえておきます。

外部からの原因を数えるならば、まず、郷土の自然です。土や岩の学問をおさめたこの人は、学生時代からハンマーをにぎって、いく度となく岩手の深山にわけ入ったり、林のなかで夜をあかしたりしました。そして自然の影響は、折にふれて述べられています。童話集の序文や広告文には、「これは田園の新鮮な産物である」とか、「これらのわたくしのおはなしは、みんな林や野はらや鉄道線路やらで、虹や月あかりからもらってきたものです」とか、「イーハトーヴォは一つの地名である……実はこれは著者の心象中にこの様な状景を以《もっ》て実在したドリームランドとしての日本岩手県である」と述べられています。彼の文章のなかの、眼に見えるように鮮明な描写は、すべて自然のスケッチの結果で、この意味からも彼は、私小説ふうの「思いいれ」の害をうけていませんでした。

つぎに、郷土の民俗です。彼は小さい時に昔こ（昔話）を好んで聞いたといわれますが、大きくなってからも昔話を愛して、いくつかの物語のテーマにしたばかりでなく、子供会でも語って聞かせました。昔話の純朴でむだのない美しさは、うそっぱちの飾りだらけの文学のみにくさと対置されて、いつも彼の創作をみちびきました。花巻地方のある稗貫《ひえぬき》郡は、民話で名高い下閉伊《しもへい》郡や紫波《しば》郡にかこまれています。大正の半ばから昔話採集の先達となった遠野の佐々木喜善氏の諸著作や、柳田国男氏の『遠野物語』なども、雑誌に発表された折に若い賢治が眼にし耳にしたことがあったのではないでしょうか。「鹿踊りのはじまり」を読みますと、柳田氏の『遠野物語』のなかの「遠野郷のシシ踊に古くより用いたる歌の曲……女鹿大鹿ふりを見ろ、鹿の心みやこなるもの」などという一節が心によみがえってきます。農民芸術概論の中で「古いみちのくの断片を保て」と呼びかけている賢治にとっては、祖先からの民俗の数々や昔話が、ただの好奇の対象ではなくて、伝えて人の心の糧《かて》にする遺産であったのです。郷土から生まれた方言をたいせつにして、方言の強さ美しさを存分に作品に生かしたことからみても、彼の文学で自然と郷土とが分かちがたいものだったことがよくわかります。

第三は宗教です。実のところ仏教の影響は早くから彼の一生をいろどって、彼の倫理観人生観を方向づけたもので、その功罪はここで簡単には述べられませんけれども、彼の文学の上の影響ということになれば、賢治の無二の聖典だった法華経《ほけきょう》そのものが、もっともはなやかな幻想浄土を表現した文学であったことを指摘するだけに止めておきましょう。

第四に教養。これはすこぶる広く、しかも、ことごとくが農民芸術という理想のために吸収された有用の学であったらしく思われます。そのなかには社会科学と文学もふくまれます。また語学や音楽もふくまれます。そういう教養をこなして一つの目的にむかう時に作り出された文学の質というものは、遠い目標をめざして強弓を軽々とひいて放ったようなさわやかな味わいを持っています。創作の一筆一筆に苦渋のあとが見えず、理念のあやが表にあらわれないことは、児童文学の本筋です。その本筋にあることが、日本児童文学の文壇からは、彼の文学をどこか日本離れのように見せ、無国籍の勝手な空想のように見せ、ハイカラすぎるように見せました。そのことは、反対に、日本の児童文学のふしぎなありさまをありありと照明していると思います。

賢治がいつどんな文学を読んだかという記録は残っていません。しかし、研究家の小倉豊文氏のしらべた蔵書目録で一部がわかります。蔵書のなかで、エヴリマン双書のアンデルセンその他の童話集がいちばん目立つものだったということです。賢治はそのあたりから、児童文学の要素を吸収したようです。

賢治がいちばんに刺激をうけた作家はトルストイでした。農民芸術を志した彼は、ヤスナヤ・ポリャーナで同じようなことをやった老トルストイの人と文学には当然ひかれたわけで、ドイツ語でその伝記に読みふけり、詩のなかにもトルストイの作品を持ちこんでいます。広告文にいう「イバン王国」とは、トルストイの昔話ふうの作品「イワンの馬鹿」のことです。「虔十《けんじゅう》公園林」でみても、人にデクノボウと呼ばれるような篤実な人間のタイプはイワンと共通します。賢治は、作品の主題までトルストイに共感してその影響をうけたろうと思われます。トルストイの昔話ふうの諸篇は愛読したにちがいありません。

つぎにはアンデルセンです。これまた愛読した証拠がたくさんあげられます。短歌のなかに「アンデルセン白鳥の歌」と題した連作もあります。広告文にいう「大小クラウスたちの耕していた野原」とは、アンデルセンの「大クラウスと小クラウス」のことです。松林の家で子ども会のとき、原書から読んで聞かせたというのは、エヴリマン双書のアンデルセン童話集の英訳本ではなかったかとさえ、想像されるほどです。賢治の作品でアンデルセンふうの感じが濃いのは、ことに初期のもので、書きはじめの「蜘蛛となめくじと狸」と「双子の星」にもその影響がよく出ています。

グリムもよく読まれました。やはり子ども会の時に、原書から（英訳からでしょう）岩手弁で話して聞かせたという記録が残っています。ドイツ昔話の主人公ハンスもまた愚直な人物でした。詩のなかで「独乙《ドイツ》本のハンス」と書いているそのハンスは、グリムの昔話集のなかの名前のように思われます。

童話集の広告文には、「少女アリスがたどった鏡の国」という一句があり、それはルイス・キャロルの傑作をさしますから、賢治がアリスの物語を愛読したこともわかります。こうして、アンデルセンといいキャロルといい、およそ子どもの文学の道をきりひらき、その文学の根本をつちかった一級の作家たちの作品を原書から直接くみとって、自己流の一つのドリームランドを作りあげたことは、賢治の児童文学を本格的にした原因に数えられるでしょう。賢治はその理想からして退廃をきらい、帝政末期のロシア文学の多くをしりぞけたと思います。メーテルリンクは読んでいてかなり好きでもあったらしいのですが、これも今までに述べた日本文壇ふうにではありませんでした。

その文学の特質

宮沢賢治の作品は、どういう点が子どもたちにふさわしいでしょうか。

それは第一に、作品の構成がしっかりしているところです。「何かの期待を終りまで持ちこし、それがとうとう解決されないという気分を」残しません。小さな読者が心から満足できるように物語を組み立てます。昔話の骨組みが生きています。

どの物語でも、いきなり冒頭から事件を予想させるものをずばりと示します。「ドングリと山猫」では、一郎のところにふしぎな葉書がまいこんで来ますし、「オツベルと象」では、オツベルの工場へ白い象がやってきます。つぎに事件は次第に高まり、クライマックスでは奇抜なことがおこります。オツベルが象をこきつかって象がだんだんやせていくところが示され、さいごに、象の猛襲が事件を解決します。次第に高める手法は「注文の多い料理店」で典型的に見ることができます。そして結末はどれも期待のみたされるものでした。

つぎに賢治の描写には、単純で、くっきりと、眼に見えるように描く特徴があります。「やまなし」という短篇は、川底のカニの物語で、とりたてていう筋のない状景描写が中心ですから、へたにやられては単調になりがちなものですが、やさしい室内楽か美しい幻燈画のような効果を出しています。賢治は言葉のひびきに敏感な詩人でした。それが方言や擬声音、擬態音をうまくとりいれることにもなり、文章全体に張りのあるリズムをひびかせることにもなりました。彼の使うリズムは、七五調のような感情へ訴えるものではなくて、四四調のようなテンポの均一な、踊りのようなリズムです。「北守将軍ソンバーユーは」とか、「オツベルときたら、大したもんだ」とか、そういうリズムをとりいれて、はずむように話を進めます。そのさい、広介のように語法を犠牲にしたり、文脈に過剰な詠嘆調をつけ加えたりはしませんでした。リズムは、直接の形をとらない時でも、文章の内側の気息となって、音楽のように流れました。声を出して読んでみますと、音痴なところがなく、快的な感じのするのはそのせいです。

つぎに目立つものは、ユーモアです。ユーモアの源はなかなかむずかしいもので、深刻癖と感情癖の強い日本人には不向きな要素ですが、おそらく、描く対象との間に同情のある余裕を持つことがそのカギではないでしょうか。そしてユーモアは、子どもの文学にたいせつなものです。賢治にはユーモアが随所にいろいろな形で現われています。ゴーシュのところへネズミの親子が来て、子ネズミがセロの腹へおさまった箇所を読んでください。親ネズミは思わずかけよっていっしょにはいろうとします。

セロ弾きはおっかさんの野ネズミをセロの孔《あな》からくぐらしてやろうとしましたが、顔が半分しかはいりませんでした。野ネズミはばたばたしながら中の子どもに叫びました。

「おまえ、そこはいいかい。落ちるときいつも教えるように足をそろえてうまく落ちたかい。」

「いい、うまく落ちた。」子どものネズミはまるでカのような小さな声で、セロの底で返事しました。[*8]

この種のこっけいは、ネズミが病気をなおそうと一所懸命になっている場合だけに、いよいよはっきりと浮きあがってきます。賢治は、真剣なものばかりでなく、おさえきれない怒りの場合にも、奇妙なユーモアをこめることができました。相手が憎んでもたりない悪人であってさえ、「ひっきょうは」と考えなおすところ（一一二〜一一三ページ参照）に、賢治その人の弱さもろさがあるようですけれども、作品の上では、笑わされながらギョッとさせられる複雑な働きをもたらします。子どもの場合には、賢治のユーモアが、子どもを子どもとして守りぬく賢い解毒剤の作用もはたしました。

さいごに、さきに賢治の資質としてあげたゆたかな空想力にふれておきましょう。ファンタジーの性質とその働きが、子どもにどれほどたいせつなものであるかは、第Ⅱ部に述べられます。空想の翼にのって、自由自在に願望の世界にはいることのできる物語ほど、子どもに楽しいものはありません。そしてまた残念なことに、ファンタジーほど日本の児童文学に欠けているものもありませんでした。賢治のファンタジーは、多くの子どものための名作がそうであるように、空想世界は現実のなかにひそんでいる真実をとり出して、しっかりと裏うちをされていました。とっぴな感覚の切り売りや、とりとめのない幻想のおしつけではありませんでした。

「ほんとうに、かしわ林の青い夕方を、ひとりで通りがかったり、十一月の山の風のなかに、ふるえながら立ったりしますと、もうどうしてもこんな気がしてしかたがないのです。ほんとうにもう、どうしてもこんなことがあるようでしかたがないということを、わたくしはそのとおり書いたまでです。」……「けれども、わたくしは、これらの小さな物語の幾きれかが、おしまい、あなたのすきとおったほんとうのたべものになることを、どんなに願うかわかりません。[*9]」

こういう童話集の序文は、賢治の場合の真実と空想、あるいは現実と空想の関係をよく示しています。彼は空想の正体のなかにいつも真実をすえて、それが「おしまい（結局）」、子どものために、いつかは生きることを信じきっていました。その意味でも、彼は子どものための作家でした。

*1　『宮沢賢治研究』（筑摩書房刊）中の坪田譲治「宮沢賢治の童話について」一三五～一三六ページ。

＊2　横田正知編『宮沢賢治』（筑摩書房刊「日本文学アルバム(21)」）六八ページ。
＊3　『セロ弾きのゴーシュ』（岩波書店刊　岩波少年文庫）
＊4　『宮沢賢治研究』（筑摩書房刊）二七八〜二七九ページ。
＊5　右の注と同じ図書　二七七ページ。
＊6　『宮沢賢治全集・第一一巻』（筑摩書房刊）二四四ページ。
＊7　『宮沢賢治研究』（筑摩書房刊）中の高村光太郎「宮沢賢治について」より。
＊8　「セロ弾きのゴーシュ」（筑摩書房刊『宮沢賢治全集10』）
＊9　『宮沢賢治全集・第八巻』（筑摩書房刊）二一九ページ。

千葉省三

その経歴

日本の児童文学にはじめて生き生きした子どもたちを登場させた作家は、千葉省三だったろうと思います。それまでの人びと、巌谷小波、小川未明、浜田広介などのえがいた子どもは、いままでみてきたように、まったく個性がなく、実際に生きている感じをもっていませんでした。また、坪田譲治の作品の中の子どもは、なまなましい現実感はあっても、児童文学としてはとりあげる必要のない側面ばかりがえがかれていました。それだけに私たちは、千葉省三のひなたくさいにおいをぷんぷん発散する子どもたちに接したとき、きわめて新鮮な喜びを感じました。たしかに、千葉省三の作品は、日本の児童文学にとって貴重な財産といわなくてはなりません。

はじめに彼の経歴をみることにしましょう。彼は明治二十五年十二月、栃木県篠井《しのい》村に生まれました。父は小学校の校長で、彼は父の転任につれて、いくつかの村々をうつりあるきました。どこの村からも、日光の山がみえ、有名な杉並木の街道が、村の一部をつらぬいてくろぐろと走っていたそうです。

母は農家の生まれで、庭のすみに野菜をつくったり、かいこをかったりするのがすきな人で、彼はその母からいろんな昔話を聞いて育ったということです。

宇都宮中学を卒業後、彼は二十五歳で上京し、日月社、植竹書院という二つの出版社で編集の仕事に従い、その後、コドモ社にはいりました。出版社へ勤めたのは、文学に志していたためではなく、単に生活の資をうるためだったようです。

コドモ社は、大正のはじめから『コドモ』という絵雑誌を発行していましたが、これがあたったので、その読者をひきつぐ『良友』をだしてこれも成功し、さらに新しい雑誌をだすことを考えました。千葉省三は、入社して『コドモ』を編集していましたが、社主の木元平太郎から「新しい雑誌をつくってみないか」といわれて、『赤い鳥』がでて一年九ヵ月後の大正九年四月から『童話』を発刊しました。小川未明の創作童話、川上四郎の装画が売物で、彼は編集と同時に、北村寿夫《ひさお》と投稿の指導にあたりました。やがて、西条八十《やそ》、島木赤彦《あかひこ》が童謡部門に参加します。

彼がかきはじめるのはこのころからで、はじめは読み物ふうのものをかいていましたが、やがて本格的に創作をはじめ、大正十四年九月には「虎《とら》ちゃんの日記」を発表しました。この作品は彼の代表作であるとともに、リアリズム童話の傑作といわれています。大正十五年七月に『童話』は終刊、「ほんとうに童話文学というものをやろうとしたのは、雑誌『童話』がなくなってからだ」[*1]というように、創作に専念しはじめました。そして、昭和三年からは酒井朝彦《あさひこ》、北村寿夫、水谷まさると『童話文学』を、昭和十年からは酒井、伊藤貴麿《たかまろ》、稲垣足穂《いながきたるほ》らと『児童文学』を出しました。彼は、現在もなお健在ですが、昭和十二年『児童文学』の終刊以後は、ほとんど創作らしい創作をしないようになってしまいました。創作しなくなった理由を彼は、「書こうと見詰めている世界が行き詰って」[*2]といっています。

生き生きした子ども

前記のように千葉省三は、この二十年あまり創作らしい創作をみせていません。したがって戦後は、旧作の中から編まれた単行本『トテ馬車』が光文社から発行されたほかは、河出書房の『日本児童文学全集』『日本幼年童話全集』に数篇ずつが収録されているくらいです。しかし、『トテ馬車』におさめられた「虎ちゃんの日記」「トテ馬車」「梅づけのさら」「仁兵衛《にへえ》学校」「定ちゃんの手紙」「じぞうさま」「たかのすとり」「けんか」「幸平じいさんと馬車」の九篇に、あとの二つの全集から「むじな」と「ワンワンものがたり」をくわえると、ほぼ彼の作品の全貌《ぜんぼう》がつかめるようです。

彼の作品は、大ざっぱにいって三つの型に分類することができます。第一は、子どものやんちゃな姿、よい意味での悪童ぶりを題材としたもので、右の十一篇の中では、「虎ちゃんの日記」「仁兵衛学校」「定ちゃんの手紙」「じぞうさま」「たかのすとり」「幸平じいさんと馬車」がこれに属します。

第二は、孤独な子どもをえがいたもので、「トテ馬車」「梅づけのさら」「けんか」が該当します。第三は、子どもの世界以外の題材をあつかったもので、「むじな」「ワンワンものがたり」がこれにはいります。

「(子どもの世界は)大変ユーモアに満ちた、はつらつとした、独創的な世界で、大人でも十分共感し楽しめる。私は童話としてそれを書いてみたい」と、彼は『日本児童文学全集[*3]』の「作者の言葉」でいっていますが、第一の型はこの言葉が具体化されたもので、いかにも子どもらしいやんちゃぶりが生き生きと展開されています。

「虎ちゃんの日記」についてはあとでふれますが、「仁兵衛学校」は、はげ頭にチョンマゲをとまらせた先生をからかって、「青葉しげれる桜井の里のわたりのはげあたま」と歌っていた連中が、卒業式の日、いつもの口ぐせが出かかっていきをのんだとき、先生は微笑しながら「はげあたま」と歌ったという話です。「幸平じいさんと馬車」は、自動車が走るようになって仕事をやめた幸平じいさんにせがんで、子どもたちが馬車をだしてもらい、じいさんのラッパが「トーテー　トテトー」となると、かつて毎日やっていたように「コーヘ　ジャンコ　コーヘ　ジャンコ」と、じいさんのあばたをはやしながら乗っていくという話、「じぞうさま」は、妹のよだれかけをもちだして地蔵さまにかけてやったら、「赤ん坊が死んだときあげるもんだ」と母親にひどくしかられる話、「たかのすとり」は、タカのひなをとりにいって高い枝から落ちた子が、けがもしていないのにあまったれたことから、「アッチー」というのが仲間の流行語になったという話です。

どの作品も、子どもの世界のユーモラスな側面をえがいています。それがたいへんくっきり浮かびあがってくるのは、彼が子どもの生活と心理をよく観察し、そのあらわれ方を写しとっているためだと思われます。

「たかのすとり」は、「ダイシャクボウのぼたん杉《すぎ》に、たかがすをかけたそうだ」ということばではじまります。「かけたそうだ」というううわさです。それを仙《せん》ちゃんに聞くと「見た」というし、助治《すけじ》も「こう、はねぇひろげて、……ダイシャクボウのほうさ、グーンとのしてったっけ」というので、「おれも、ほんとは見ないんだけれど、

見たことに」してしまい、うわさはすでに事実ということになります。つづいて、

「ひよっこが、あんべっち話だな。」

「うん、わけえしゅが、とりにいぐっちぞ。」

「とりてえなあ。おらでも、とれべか。」

「とれねえことも、あんめと思うな。」


というわけで、巣をとりにいくことになります。顔をつきだし、口をとがらせた子どもたちの姿態までが、まざまざと浮かびあがってくるではありませんか。「おれも見た」「われも見た」といい出すと、見ない者まで見たことにしないではいられないというところも、また、そうしてつくりあげた仮定に立って、さっそくつぎの行動に移っていくことも、まさしく子どもの世界のものです。そして、この二つの積みかさねが一人一人をあざやかに浮かびあがらせていることも、見のがすことができません。

　人物の動きを重ねて人間像をえがいていくことともに、むだのない文章をかいていることも、千葉省三のすぐれた点です。

「源ちゃん、のぼれるか、おめえ。」

「のぼれるとも。」

「ソロソロあがんべ、な。」

みんなのあとから、ゆっくりゆっくりあがっていった。おれらがバカ亀《がめ》のすんでいる岩穴の口についたときは、川東の組は、もう穴の口にかたまって、中をのぞきこんでいた。

まくわうりのかわだの、ぼろきれだの、きたないものが、いっぱいそこらに、ちらばっていた。

「がきめら！　みせもんじゃねえぞ！」

穴の中から、大声でどなって、バカ亀《がめ》のおかみさんのお勝《かつ》こじきがでてきた。頭の毛をモジャモジャたらして、かた目っこ光らして、おっかない顔をしていた。

みんなは、ワッといって、穴の口からにげだした。おれと源ちゃんは、にげないで立っていた。

「くすりやるべ。」

おれは、赤玉を手のひらにのせてだした。

「これ、水といっしょにのむんだよ。」

源ちゃんも、竹のかわのつつみをだした。

「こん中に、めしと梅ぼしがはいってら。亀《かめ》さんにたべさせな。」

お勝こじきは、おこったような顔をして、おれと源ちゃんをにらんでいたが、いきなり、ひったくるみたいに、くすりと竹のかわをつかんで、穴の中へひっこんでいっちゃった。

のぞいてみると、うすぐらいすみっこのほうに、ぼろきれにくるまって、バカ亀がねていた。お勝こじきは、そこへすわって、なにか、ちっちゃい声でしゃべっていた。


これは「虎ちゃんの日記」の中で、主人公の虎ちゃんと同級生の源ちゃんが、こじきのバカ亀が病気だというのを聞いて、山の岩穴へようすを見にいく部分です。源ちゃんがいたわられているのは、虎ちゃんにつきとばされたとき、鎌《かま》で切った足の傷がなおりかかっているからです。穴の口にむらがっている子どもたちの前へどなってあらわれるお勝こじきは、片目だけをギラギラ光らせた穴居性の動物のような、なまなましい印象を与えます。彼女がくすりや竹の皮の包みをひったくって、穴の奥へはいっていくときの心理までがうったえてくるのは、修飾がかなり多く使われていながら、描写にむだがないことを示しています。よけいな、なくてもいいことばがあると、こうはいかないものです。

写生の功罪

いままで見てきたように、千葉省三はきわめて生き生きした人物――特に子どもを、作中に登場させました。それが彼の作品をして、日本の児童文学とよばれてきたものの水準をはるかにぬかせている理由です。それはひとくちにいって、文章のうまさということばで表現されると思いますが、その文章のうまさ巧みさをつくりあげたものは何だったでしょうか。もちろん、最大のものは彼の資質です。しかし、そればかりではなかったと思います。私は、彼が児童文学に写生が必要であると考え、それを実践したことが大きな原因ではなかったかと思うのです。

写生というのは、正岡子規がとなえ、長塚節《ながつかたかし》、島木赤彦《あかひこ》をへて、斎藤茂吉《さいとうもきち》によって「実相観入」を内容とするものと定着させられた一つの方法論です。島木赤彦、土田耕平といった〝あららぎ〟の歌人たちと親しかった千葉省三が、その影響をうけたことは十分考えられるところです。そして、彼は児童文学におけるリアリズムとは写生である、と思いこんでいたらしいふしがあります。

それと同時に、千葉省三が作品をかきはじめたことの背景も考えてみる必要がありそうです。前にちょっとかいておきましたが、彼ははじめから文学に志していたわけではなく、たまたま児童雑誌編集者としての仕事をえたことから、児童文学へ関心をもちはじめたのでした。彼は、自分が手がけた『童話』の編集意図について、『赤い鳥』『金の船』の二誌が「二つとも、創作童話がわりに閑却されていたでしょう。そこで、『童話』では創作童話を標榜《ひょうぼう》したかったのです。……それから民族的なものがなかったのです。外国の翻案ものが多くて。……」[*4]と語っています。彼はそれを主として小川未明によって実現しようとしました。そして、未明は『童話』に「港についた黒んぼ」「雪来る前の高原の話」など三十余篇を発表しています。この時期の未明は、ほかにも『赤い鳥』その他に、「月夜と眼鏡《めがね》」「赤いろうそくと人魚」「野ばら」などをかき、彼の「ロマンチシズム時代の絶頂」といわれています。

さて、千葉省三は未明を認めていたわけですが、やがて未明に対してあきたりないようになったのではないかと想像されます。省三は、最近、「未明は『おとぎの世界』の時代には、いい作品があった。『童話』にかいたものには、三篇くらいしかいいのがなかった。みな、観念的で……」[*5]と述懐していますが、このことばがそれを裏がきしています。そして、大正十二年ごろから、土田耕平がかなりひんぱんに『童話』にかくようになったこと、その土田耕平の「峠」「天童」などの作品を高く評価していることなども、その一つの証左のように思われます。これらの作品は、いずれも筋というほどのものをもたない随筆ふうの写生文ですが、人物や風景は的確に表現され、その点では、霧の中の映像のようにかすんでいた未明の作品の弱点の一部を克服しているといった類のものです。おもしろいことに、耕平の「峠」は、省三の「梅づけのさら」と題材の一部がたいへん似かよっています。

大正十四年九月号の『童話』に掲載された「虎ちゃんの日記」が、こうしてようやく未明へ批判的になったときにかかれたものと考えると、千葉省三の作品のよさが写生にもとづくものだ、という見方に賛成していただけると思います。

千葉省三は、いままで見てきたように、よく子どもを知っていました。そのために日本の児童文学史上では貴重な足跡をのこしているのですが、残念なことに、根本的なところで児童文学というものの考え方を誤ってしまいました。それは、「僕ら童話というものを文学にまで高めようとしたのだね。……子供に読ませよう、子供の理解が第一条件、子供の興味が第一条件だった童話に対してね」[*6]ということばに端的に現われています。童話を文学に高めようというのは、大正期の児童文学関係者の合言葉だったようです。巌谷小波流のおとぎ話のもつ粗雑さを、昔話じたいのもつ欠陥のようにとりちがえて、昔話を否定してしまった人びとは、児童文学を文学に価するものにするためには、子どもにはわからないものでもいいような錯覚にとらわれてしまったのです。読者である子どもが喜ぶようなものは、文学ではないと考えてしまったのです。

島木赤彦は、「一体、文学というものは、面白おかしいものではありません。人麿《ひとまろ》、赤人、芭蕉《ばしょう》、子規というような高級文学は、皆人生を虔《つつ》ましく寂しく通った心の記録です。子どものうちから面白おかしい方面にのみ発達させたら、彼等が成人しても高い文学を解する事は出来なくなりましょう」[*7]といっています。彼は教育者であり、〝あららぎ〟の歌人であり、また童謡詩人としても活躍し、千葉省三とも親しかった人ですが、「わび」「さび」「しおり」といった、老人的な感覚を主体とする文学こそを最高のものと考えていたわけです。こうした誤謬《ごびゅう》が大手をふって通用したら、児童文学はみじめな運命をたどらざるをえません。しかも、これは赤彦だけの考えではありませんでした。文学的な高さをもちながら、子どもを楽しませ喜ばせてやるものこそが、児童文学であると考える人はいなかったのです。

読者である子どもをぬきにした児童文学、子ども不在の児童文学が生まれる基盤は、こうしてかたちづくられていったのでした。まったく悲しい喜劇を演じたものです。そして、資質にめぐまれた千葉省三でさえも、例外ではありえませんでした。

彼の「ワンワンものがたり」は大正十二年の作で、犬のすきな坊やにきかせた父親の話という形をとっています。小さなくせになまいきな犬がやってきて、タバコをくれというので一本やったところが、すっかりむせてしまい、「かみタバコはいかが」とキャラメルをやると、「ぼくにはかみタバコのほうがあっている」といってよだれをたらしていたという話や、いつもひよこをいじめている子犬が、目の前の地面からぽっくり卵がでてきて、その卵からひよこがあらわれ、「あそぼう」といわれてこわくなってにげてきたという話、などの集まりです。やたらに敬語の「お」を使ってうるさい点はありますが、日本には珍しく本格的なナンセンス・テールの骨格をもった作品です。ところが、彼のこうした作品は、当時「落語だ」と評されました。そして、彼自身も、これらの作品は読み物であって文学性のないものだとして、みずからストーリー性をもつことを拒否してしまったのです。

たしかに彼の作品はみがきあげられて渋い光沢をはなっています。しかし、写生を重んじてストーリーを否定するのがリアリズムだと思った結果、彼はファンタジーだけでなく、フィクションをも退けてしまったようです。「私が描いた子供の像は、生きている子供でなければならないのに、今とは違うのだな」[*8]といったり、「わたくしは、じぶんが童話をかくようになった機縁を、おさないころの追憶の中にもとめようとしています」[*9]といったりしていることは、それを物語っています。そして、幼時の経験の中にある子どもの世界を再現することのみを文学の道として、新たな子どもの世界を創造することを、彼は放棄したのでした。

思い出の文学

「虎ちゃんの日記」は、よく「トム・ソーヤーの冒険」に対比して考えられています。虎ちゃんは、じぶんたちの山ぶどうを盗んだ源ちゃんをつきとばして大けがをさせ、それを父親にしかられ、家へ入れてもらえなくなって、川の中の中島で一夜をあかします。それは、

おればっかりわりいんじゃねえんだ。喜三《きさ》ちゃんだってわりいんだ。いちばんもとは源ちゃんがわりいんだ。それをとうちゃんが、おればっかり、わりいようにいうなんてむりだ、おら、かまわね。よせねんなら、家へかえらねからいい、そんな、

にくいこどもなんぞ、とうちゃんはいらねんだんべ、なんても思った。

と考えた結果です。珍しく自己主張をする子どもとして、虎ちゃんの性格は強く描き出されています。しかし、心配した父親が船で迎えにきてやさしくすると、たちまち向こう気もどこへやら、虎ちゃんは軟化してわが家に帰ります。トムが中の島でハックと暮らし、叔母《おば》さんのところへ自分からようすをさぐりに行ったこととくらべますと、彼我《ひが》のちがいが大きく映ります。「虎ちゃんの日記」は、東京っ子の坊《ぼっ》ちゃんが夏休みが終わって人力車で帰るのを見送るところで終わります。そういう結末に淡い哀愁はただよっていますけれども、物語の筋は大きく動きまわらずに消えてしまうにすぎません。

第二の分類にはいる孤独な子どもを描いた作品は、第一の分類のものよりももっと事件が少なく、もっと写生的です。「トテ馬車」は、父親の赴任さきに移っていく少年の主人公が、トテ馬車にのっていく途中、広い野原の中の茶店で、「原んぼ」と軽べつされている孤独な子と、ほんのいっとき仲よしになるという物語です。長篇の序章のようで、物語としては道具立てが足りず、さびしい情感をうちだすだけで終わります。「梅づけのさら」には、とうちゃんが女の子の足をあたためてやりながら里子につれていくあたりに、しっかりした描写があって、女の子の性格もうきぼりされていますが、やはり思い出の一コマを出ない淡い感じで終わってしまいます。

第三の分類のうち、「ワンワンものがたり」は、すでにのべたように、おもしろいナンセンス・テールでした。また「むじな」という作品は、主人公の源兵衛《げんべえ》がうそつきにそそのかされて、ムジナの穴をほったところ、鼻のあたまにかみつかれただけでムジナには逃げられますが、そのかわりにそば粉を掘りあてるという、これもユーモラスな物語です。おそらく作者が実際に聞いた話をもとにしたものでしょうが、昔話のようにおもしろい展開を示し、かっちりした結びで終わっています。ごく短いものですが、起伏のあるストーリーは、読者をひきつけてはなさず、彼がストーリー・テラーの素質をもっていたことを示す作品です。

このように見てきますと、千葉省三は第三類のように、おもしろい筋をくりひろげることもでき、第一類のように生き生きした子どもを描くこともでき、第二類のようにある情景をまざまざと再現することもできたのですが、そのすべてをあげて堂々と本格的な物語を組み立てることができませんでした。せっかくの才を持ちながら、写生の袋小路にはいって才能を金縛りにかけ、フィクションを展開することができませんでした。

千葉省三は、日本の児童文学に一つの戸口をひらきました。社会学者の日高六郎氏に「雑誌『童話』をまねしたこと」[*10]という一文があります。中学初めの日高氏は、青島《チンタオ》にいて『童話』を読み、「虎ちゃんの日記」をくりかえし愛読して、「日本をほとんど知らない私には、なにかそこに日本の土のにおいがあるようで、すいこまれるようにひきつけられた」と思い出をのべています。省三のいう「民族的なもの」は、たしかに、その作品によって表現されたといえましょう。そのかぎりでは、児童文学にもちこまれた写生文のむだのない描写力をみとめ、省三の残した足跡を正しく評価しなければなりません。こうして千葉省三の功罪をみて思うことは、これからはぜひ、日本のかおりをもつ、日本の本格的な子どもの文学が、日本の子どもたちにあたえられなければいけないということです。

＊1　『日本児童文学』（児童文学者協会刊）昭和三二年五月号所載の対談「虎ちゃんの日記とその後」より。
＊2　右の注と同じ。
＊3　『日本児童文学全集・第五巻』（河出書房）二六九ページ。
＊4　鳥越信ほか編『新選日本児童文学・現代篇』（小峰書店刊）所載の座談会「児童文学の流

れ」より。

＊5　＊1と同じ。〔典拠不詳〕

＊6　＊1と同じ。

＊7　『小学教育と童謡』大正一三年五月号に「童謡其他に対する小見」として発表。引用文は『日本児童文学大系・第二巻』（三一書房刊）より。

＊8　＊1と同じ。

＊9　『トテ馬車』（光文社刊）のあとがき。

＊10　『日本児童文学』（児童文学者協会刊）昭和三二年八月号所載。

新美南吉

すぐれた作家だったこと

新美南吉《にいみなんきち》は、昭和十八年三月に三十歳の若さで死んだ作家ですが、現在までの日本の児童文学者としては、おそらく宮沢賢治につぐ位置をあたえられるべき人だと思います。彼には生前、第一童話集『おじいさんのランプ』と伝記物語『手毬《てまり》と鉢《はち》の子』の二つの著書しかありませんでしたが、死後、昭和二十一年までに第二童話集『花のき村と盗人たち』、第三童話集『牛をつないだ椿《つばき》の木』のほか、選集『久助君の話』、小説集『花を埋める』、児童読物『大岡越前守《おおおかえちぜんのかみ》』および幼年童話集が刊行されています。これで、彼の業績のほとんどは紹介されているのですが、その刊行の時期が悪かったことと、その後、積極的な紹介がなされなかったことの二つの理由で、残念ながら彼の作品はまだあまり多くの人に知られていません。

彼の作品がはじめて世間の人の目にふれたのは昭和六年八月、復刊されたばかりの第二期『赤い鳥』においてでした。その年の春、郷里の愛知県半田市の県立半田中学校を卒業した彼は、四月から五ヵ月間、母校岩滑《やなべ》小学校に代用教員として勤め、その間に「正坊とクロ」「張紅倫《ちょうこうりん》」「ごん狐《ぎつね》」などの作品をかきました。この「正坊とクロ」が投稿に入選して、まず八月号の『赤い鳥』に掲載され、つづいて十一月号に「張紅倫」、翌七年一月号に「ごん狐」が発表されました。大正二年七月の生まれですから、彼が十八歳のときのことです。

この三篇のうち、サーカスのクマと軽業師《かるわざし》の子どもの愛情をえがいた「正坊とクロ」は、話の構成が頭でっかちで、結末があっけないという難点をもっていますが、日露戦争のかくれたエピソードをあつかった「張紅倫」と、郷土の昔話を素材にしたと思われる「ごん狐」は、いずれもりっぱな作品で、特に後者は作者の代表作の一つに数えていい秀作です。

あらすじは、つぎのようなものです。

ひとりぼっちで、いたずらな子ギツネのごんは、ある日、百姓の兵十が苦労してとったウナギをもってきてしまいます。十日ほどたって村へいってみると、兵十の家に葬式があり、兵十のおっかあが病気で死んだことがわかります。ごんは、じぶんがいたずらしたために、兵十のおっかあは「うなぎがたべたいと思いながら死んだんだろう、ちょっ、あんないたずらをしなければよかった」と考えます。数日後、ごんが兵十のようすを見にいくと魚屋がやってきます。ごんは、イワシをぬすんで兵十の家へなげこみ、ウナギのつぐないに一ついいことをしたと考えます。つぎの日、クリをひろってもっていきますと、兵十のほおにきずがあります。兵十はイワシをぬすんだと思われて、魚屋からひどいめにあったのでした。ごんは、それから毎日、クリやマツタケをとって兵十の家へおいてきました。ある月のいい晩、ごんは遊びにでかけ、兵十と加助がおねんぶつにいくのを見つけます。兵十は、だれかがクリやマツタケをおいていってくれるのだと、加助に話します。おねんぶつの帰途、加助は「さっきの話は、きっと、そりゃあ、神さまのしわざだ」といい、兵十もその気になります。ごんはそれを聞いて、「へえ、こいつはつまらないな」と思います。しかし、そのあくる日も、ごんはクリをもって兵十の家へでかけました。物置でなわをなっていた兵十はごんを見つけ、ごんが戸口をでようとするところを火なわ銃でうちます。兵十は土間においてあるクリを見て、「ごん、おまえだったのか」とおどろきます。兵十は火なわ銃をばたりととりおとしました。青いけむりが、まだつつぐちからほそく出ていました。

読んでわかるように、この作品は話のはこびがよく、たいへんおもしろいものになっています。その理由としては、昔話を材料にしたことと同時に、つぎの二点が考えられます。第一は、じぶんのしていることを神さまのしわざだなどと考えられそうになると、「へえ、……つまらない、ひきあわない」といわせるような性格をごんにあたえたこと、第二は、ごんを子ギツネという動物としてかききったということです。

第一の点は、ひとりぼっちで、しかもいたずらだという性格で、これがはっきりしていないと話があいまいになってしまいますが、これだけでは子ギツネではなくて人間の子どもにも適用できる性格です。ところが、第二のえがき方がしっかりしているので、ごんは人間ではなくて、はっきりした子ギツネになります。

それは、たとえば、ごんが兵十のおっかあの死を知るところなどに、はっきりあらわれています。ごんが村へはいっていくと、弥助《やすけ》の家内はおはぐろをつけ、新兵衛《しんべえ》の家内は髪をすいています。ごんは、「ふふん、村になにかあるんだな」と思い、「なんだろう、秋まつりかな。まつりなら、たいこやふえの音がしそうなものだ」と考えます。そして、兵十の家の前へくると、大ぜいの人があつまっていて、「よそゆきのきものをきて、腰にてぬぐいをさげたりした女たちが、おもてのかまどで火をたいて」なにかがぐずぐずにえているので、「ああ、葬式だ」と気がつき、「だれが死んだろう」と思うのです。そして、墓地へくる葬列の中に、「兵十が、白いかみしもをつけて、位牌をささげ……」「いつもは、赤いさつまいもみたいな元気のいい顔」がしおれているのを見て、死んだのは兵十のおっかあだと知るわけですが、この発見の順序が、ごんをまちがいなくキツネの子にしているといえるでしょう。そして、それでこそ「ちょっ、あんないたずらをしなければよかった」というつぶやきが、ごんのひとりぼっちの環境や、いたずらな性格を浮き彫りにしているのです。

こうした文章のたくみさは、新美南吉のもちまえでした。しかし、この「ごん狐」が弱冠十八歳のときの作品だということは、その資質の卓抜さを物語っています。

その経歴

おそらく「ごん狐」が掲載された『赤い鳥』が印刷されていたころ、つまり昭和六年の暮れ、新美南吉は高等師範の試験をうけるために上京して巽聖歌《たつみせいか》を訪れ、その下宿に十日ほどとまりました。当時、巽は与田準一などとともに童謡誌『チチノキ』を発行し、新美南吉もその会へはいっていたのですが、これ以後、彼は巽聖歌や与田準一に兄事するようになります。

彼は高師を失敗しますが、東京外語の試験には及第、昭和七年四月英文科に入学しました。以後、昭和十一年三月の卒業まで、ほとんどつねに巽聖歌の身辺にあった彼は、おもに童謡をつくって『チチノキ』『赤い鳥』に発表すると同時に、小説や戯曲の勉強にも力をそそぎました。「一週間も顔を見せないと思うと、五十枚、百枚という作品を持ってきた」[*1]と巽聖歌は述懐していますが、きわめて創作欲が旺盛《おうせい》だったようで、創作集『花を埋める』には、そのころの作品のいくつかがおさめられています。その中の一つに「雀《すずめ》」というのがあります。

小学生の「私」は、実母に死なれ、若い継母に育てられています。「私」は、異母弟の「宇吉が母の胸にかき抱かれていた頃から、自分も抱かれて見たい、抱きしめられて思いきり泣いて見たい……」と継母の愛情を渇望《かつぼう》しています。ある日、「私」は友だちに子スズメをもらいますが、実子の宇吉を死なせたばかりの継母も、子スズメに深い愛情をそそぎます。「私」は子スズメによって継母にむすばれていく期待に胸をふくらませますが、まもなく継母の愛情が子スズメにしかそそがれないことを知り、絶望して子スズメを殺す……という話です。孤独な子どもの心理が、切迫感をもってえがかれています。こうした愛情への渇望は、じつは幼くして母を失い、小学校二年のとき実母の実家の新美家へ養子にいき、まもなく生家へもどってきた彼自身のもっていたものでした。そして、おそらくは、こうした幼少年期の悲しい経験が書かせたと思う作品が、彼の子どものための作品の半ば近くをしめています。

さて、東京外語を卒業した新美南吉は、数ヵ月東京で勤めて健康を害し、帰郷して昭和十二年四月から県立安城高女に教鞭《きょうべん》をとるようになり、十四年ごろは、仲のよかった詩人江口榛一《しんいち》の勤めていた『ハルピン日日新聞』にしばしば小説や詩を発表しています。

こうして新美南吉は、昭和七年東京外語へ入学していらい、昭和十一年に幼年童話を書いたほかは、昭和十五年になるまでほとんど子どもむけの創作をしませんでした。「彼が童話へ復帰したのは、昭和十五年に『川』を書いてからだ」と巽聖歌はいっていますが、たしかに、昭和十五年の十二月、巽の編集で発行された季刊雑誌『新児童文化』第一号に「川」を発表してから、昭和十八年三月の死にいたる二年あまりの期間に、新美南吉は自分の児童文学を結実させました。

この期間の作品は、前にのべた三冊の童話集『おじいさんのランプ』『花のき村と盗人たち』『牛をつないだ椿の木』におさめられています。『おじいさんのランプ』は、巽聖歌のせわで昭和十七年十月有光社から出した新人童話集の一冊で、作品も南吉の選んだものを巽がさしかえさせています。『花のき村と盗人たち』は、与田準一の口ききで帝国教育会出版部から出されたもので、刊行は南吉の死の翌年ですが、作品は南吉自身が選んでいます。また、『牛をつないだ椿の木』は、これも死後の刊行ですが、巽聖歌の責任編集による大和書店版『日本少国民文学新鋭叢書』の一冊でした。この本のあとがきで、巽聖歌は、

「疣《いぼ》」は最後の作品であり、完成した新美君最後の姿勢をみてよいわけである……業病とたたかいながら最後の筆をとった「耳」「狐」「かぶと虫」「疣」「天狗」などの系譜を考えるとき、わたしはまた新美君を涙なしに思い泛《うか》べることが出来ない。

とのべていますが、事実、南吉は療養中のからだにむちうって作品をかきつづけました。昭和十七年十二月二十六日に「耳」、十八年一月八日に「狐」、翌九日に「かぶと虫」、十六日に「疣」と、この集の作品は死の二ヵ月前まできわめて速いテンポでかかれています。あるいは、この作品集をまとめたことが、死期をはやめたのではないかと思われますが、彼は巽聖歌に送った原稿に数々の遺言をそえていたということです。

二つの型

	心理型	ストーリー型	その他
おじいさんのランプ	川 嘘 久助君の話 貧乏な少年の話	うた時計 おじいさんのランプ	ごんごろ鐘
花のき村と盗人たち		ごん狐 百姓の足、坊さんの足 のら犬 和太郎さんと牛 花のき村と盗人たち 正坊とクロ 鳥右エ門諸国をめぐる	
牛をつないだ椿の木	かぶと虫 狐 耳 疣	手袋を買いに 牛をつないだ椿の木	草

この表を説明しましょう。さきにあげた三冊を調べてみると、『おじいさんのランプ』と『牛をつないだ椿の木』の作品が、ほとんど一つの系列に属するのに対して、『花のき村と盗人たち』の作品はぜんぜんちがった系列をかたちづくっています。前

者では少年の心理をほりさげるのに重点がおかれ、後者ではストーリーの起伏と展開に重点がおかれています。そこで、かりに、前者に心理型、後者にストーリー型という名をつけて、作品を分類してみました。

この表をひと目見てわかるように、彼の自選集は、ストーリー型の作品ばかりです。しかし、現在までのところでは、いっぱんに心理型の作品が、ストーリー型の作品よりすぐれていると評価されてきました。巽聖歌のいきのかかった『おじいさんのランプ』『牛をつないだ椿の木』の二集に心理型の作品の多いことは、巽が心理型のものを高く評価していた証左で、こうした評価のもっとも代表的なものは、波多野完治においてみられます。

波多野は、『牛をつないだ椿の木』を南吉の「主著と見なしたい」[*2]といい、その理由を「童話として本格的なもの、また彼の一番いいものが、この本を一冊見れば大体わかる」と説明し、さらに「特に『耳』『疕』の二作はすぐれている」としています。「疕」は、信じきっていたものに裏切られた子どもの空虚感と、それからの脱出を主題にしたものです。

松吉と杉作の兄弟は、とりいれがすんだ「農揚げ」の日に、あんころもちをもって、町で床屋をしているおじさんの家へいきます。いとこの克巳《かつみ》に会える喜びと駄賃《だちん》をもらう期待に胸をはずませていってみると、おじさんもおばさんも克巳も留守です。村からきている青年が店番をしていて、二人の髪をかってくれます。やがて、克巳は学校から帰ってきますが、兄弟をみても知らん顔でことばもかけません。おじさん、おばさんも帰ってこず、二人は魂のぬけたような顔で帰路につきます。日暮れの風が、きゅうに頭やえりにしみこむように感じられます。


「どかァん。」

と杉作がとつぜんどなりました。

また、とびかと思って、松吉は見まわしましたが、それらしいものはどこにも見あたりません。枯れた桑畑の向こうに、まっかな太陽がいま沈んでゆくところでした。

いきには、トビをみつけた杉作が、だしぬけに大砲をうつまねをして、お駄賃をもらったらと空想していた松吉をおどろかせたのですが、こんどはちがいました。

「何が、おるでえ。」

と松吉は杉作にききました。

「何も、おやしんけど、ただ、大砲をうって見ただけ。」

と杉作はいいました。

松吉は弟の気持が、手にとるようによくわかりました。弟もじぶんのようにさびしいのです。

そこで松吉も、

「どかァん。」

といっぱつ大砲をうちました。

そして、二人は、どかんどかんと大砲をぶっぱなしながら、だんだん心を明るくして家へ帰っていった……というのが、そのあらすじですが、結末ちかくのこの引用した部分などは、じつにうまいものです。この作品は、心理型のものの中ではもっとも出来のいいもので、ほかにも的確な表現で感心させられるところがたくさんあります。しかし、それでいて、ウソの感じをまぬがれないのです。松吉兄弟の空虚感にできるだけ実感をもたせようとすれば、克巳への信頼感もできるだけ大きく設定しておく必要があります。そして、克巳は夏休みに松吉たちの家へ十日もとまって、一度はいっしょに池でおぼれそうになったこともありますし、松吉はもう何回も克巳の家へいって、五十銭ずつのお駄賃をもらっているという条件があたえられています。つまり、どんなに克巳が都会の軽薄な子であろうと、二人をみて、ひとことも声をかけない、二人のほうでも何もいえない……というのは、むりなのです。そして、この不自然な設定をしなければ、この一篇は成立しません。基礎構造がくるっているのです。

ウソの感じとともに、〝こういう作品が必要か〟という疑問もあります。この「疣」とまえに紹介した「雀」とをくらべてみると、「雀」には救いがありませんが、「疣」には救いがあたえられていることがわかります。最後に救いをもたせるかどうか、これによって南吉は、子どもの心理を描く場合の、大人ものと子どもものの区別をつけたようです。しかし、結末に救いをもたせたにしても、この「疣」で描いている子どもの空虚感といったものは、児童文学作品の中心主題とすべきものでしょうか。そして、「川」における罪の意識、「かぶと虫」における孤独な感情、「貧乏な少年の話」における劣等感といったものも、同様です。

それにもかかわらず、彼はなぜかなり多くの心理型の作品をかいたのでしょうか。最大の原因は、いわゆる生活童話全盛の時代の影響だったでしょう。『新児童文化』にのせた「川」「嘘《うそ》」がひじょうに好評だったというのですから、編集者の巽聖歌もそうしたものを要求し、作家として立ちたかった南吉もそれに応じたのだと思われます。

児童文学についての見識

新美南吉は東京外語の英文科をでましたから、おそらくはすぐれた外国の児童文学にも接していたことと思います。資料がないので、その方面の影響によるものかどうかたしかめられませんが、彼の児童文学に対する考え方は正しいものでした。

彼が昭和十六年の二月ごろ、『早稲田大学新聞』に発表した「童話における物語性の喪失」という一文がそれを証明しています。

（前略）大人の文学が物語性を失ったとき、文学家族の一員である児童文学も、見よう見まねで堕落したのである。今日の童話を読んでみると、その殆《ほと》んどが物語性の存していないことに人は気づくだろう。

自分の子供や生徒に、お話をきかせてやるために、あなた方がストオリイを探そうとして、百篇の今日の童話を読まれても、あなた方はただ失望の吐息をつかれる

ばかりであろう。（中略）
童話はもと――それが文学などという立派な名前で呼ばれなかった時分――話であった。物語であった。文学になってからも物語であることをやめなかった。（アンデルセンやソログープのことを憶《おも》い出してください）文芸童話の時代になっても、童話は物語であることをやめてはならなかったのである。ちょうど、人間は様々な時代に、様々な帽子をかむってきたのにかかわらず、頭そのものは変らなかったように。
このことは、童話の読者が誰《だれ》であるかを考えてみれば、すぐに解《わか》る。相手は子供であって、文学青年ではない。そこで今日の童話は、物語性をとり戻すことに努力を払わねばならない。[*3]（下略）

児童文学が文学青年のためのものではなくて、子どものための文学であること、そのためには、まずストーリーをもたねばならないことを、新美南吉は、はっきりいいきっています。これはほんらい自明の、なんでもないことです。しかし、日本の児童文学はそうではありませんでした。この本でとりあげてきた、いままでの人たちのことを思い返してください。もちろん宮沢賢治だけは例外です。それ以外の人たちは、きわめて有為な才能であった千葉省三さえもが、対象を見失った結果、みずからストーリー性をもつことを否定してしまったではありませんか。それが、いまのいままで、子ども不在の児童文学という奇妙なものをばっこさせてきた原因だったのです。

新美南吉のこの小文は、その意味で、はじめて児童文学のなんたるかを明らかにしたものといえます。けれども悲しいことに、当時彼の周囲には、この発言の正しさを理解してくれる人はいませんでした。理解されたならば、彼の作品における心理型とストーリー型の評価も、当然変わっていたはずです。

言葉さえも通じあわないような孤独な児童文学の世界で、彼がどんなに苦しみ、悩み、ゆれ動いたかと思うと、深い同情をおぼえずにはいられません。

さて、右に引用した部分につづいて、彼は物語性をとりもどすための手段として、フランクリンやディケンズやゲーテの例をあげて、作品を読み聞かせる習慣がたいせつだといっています。これも、まったく正しい発言ですが、彼自身は「ごん狐」をかいた代用教員の時代から、つねに作品を読んで聞かせる習慣をもっていたようです。

ストーリー型のよさ

新美南吉の本領がストーリー型の作品にあることは、もうおわかりだろうと思います。この型の作品は、さまざまな素材をあつかっていますが、「うた時計」「おじいさんのランプ」「ごん狐」「百姓の足、坊さんの足」「和太郎さんと牛」「牛をつないだ椿の木」など、その半数以上が彼の郷土の知多半島やそのおもかげを舞台として、くりひろげられます。

自分の商売が時代おくれになったら、いさぎよく商売をかえようと決心した巳之助《みのすけ》が、半田池の岸の木に五十あまりのランプをかけて火をともし、こちら側の道から石を投げて一つずつ火を消していく「おじいさんのランプ」、しんたのむねをおりてきた行列の中から、出征兵姿の海蔵さんがでてきて、自分のつくった椿の木かげの井戸の水をのむ「牛をつないだ椿の木」など、すべてが美しい郷土のイメージから生まれたものでした。

彼の作品のおもしろさ楽しさは、どこでもみられるような生活の断片をつみかさねて童話のすじをはこびながら、しばしば意表をつく展開をみせるところにあります。

「和太郎さんと牛」は、こんな話です。

牛曳《ひ》きの和太郎さんの牛は、たいへんよい牛だという評判でした。その牛はよぼよぼの年よりで、空車をひいても舌をだすくらいなのですが、和太郎さんが、いつも村はずれの茶店で一ぱいのんで車の上でねてしまっても、ちゃんと家まで和太郎さんをつれて帰ってきてくれるからです。

ところで、和太郎さんにはおかみさんがありませんでした。お嫁さんをもらったことはあるのですが、そのお嫁さんが片目のつぶれたおかあさんをきらうので、かえしてしまったのです。和太郎さんはお嫁さんはいらないが、子どもはほしいと思っていました。

ある日、和太郎さんは酒屋にたのまれて酒滓《さけかす》のつまった樽《たる》をひいて町へいきました。そのとちゅう、ぽんと音がしたかと思うと、白い滓が滝のように流れでてしまいました。和太郎さんは、やがて車から牛をはずして道の上にたまった滓をなめさせました。いつものお礼というわけです。

さて、その日の帰り道、きょうはよそうと思いながら、和太郎さんは、やはり茶店へよってしまいました。和太郎さんはよっぱらって、いつものように車の上でねてしまいましたが、その晩は牛もよっていました。

いつまでまっても和太郎さんが帰ってこないので、おかあさんは駐在所へとどけ、おまわりさんは村の人びとと捜査隊をつくって一晩じゅう捜しあるきました。朝になって捜査隊が帰ってきたところへ、牛車にのった和太郎さんがやってきました。和太郎さんは、すっかりみんなにとっちめられ、とうとうキツネにばかされたことを白状しますが、気がついてみると、車の上にかごがあって、その中にまるまるふとった男の子の赤ん坊がはいっていました。

たいへん牧歌的でおもしろい作品です。牛に酒淬をなめさせた以上、牛もよっぱらってなにか事件が起こることを予想させます。したがって、牛車が山の上までいってキツネにばかされるくらいは考えられますが、赤ん坊がのっていて、とんだところで和太郎さんの念願がかなってしまう結末は、まったく意表をついていて、なにか、この世の楽しさといったものを感じさせてくれます。

「百姓の足、坊さんの足」は、さらに奇抜です。この物語の前半では、ほとけさまにそなえるお米をふみにじるという行為をいっしょにしながら、強引な和尚にはバチがあたらず、実直な百姓にはバチがあたるという、明暗二面の生活が写し出されます。ところが、後半にはいると、両者が冥途《めいど》へむかう道中がえがかれ、そこで明暗は逆転します。極楽へいくと思っていた和尚は地獄へ、地獄へいくと思っていた百姓は極楽へいくのですが、そのわかれ道へきても、和尚は自信まんまんとしており、百姓は諸々と和尚のいうなりになっています。そして、むりやり百姓ののるべき人力車にのってしまった和尚は、やっと地獄へいくことに気づいたとき、「今となってわかったわい、あっちの道がごくらくへつづき、こっちの道がろくでもないところにつづいていることが」とつぶやきます。

これは悔恨や反省から生まれたことばではなく、「いまいましい」といったつぶやきですが、この結末――特に最後の最後まで、くずれをみせない和尚の人間像は、まことにみごとなものです。

こうしたことからもわかるように、南吉は、人生の中にふくまれているモラルとか、ユーモアとかいうものを事件として組みたて、外がわから描きだせる人でした。彼のそのゆたかな資質をストーリーの世界で、思うさまぶちまけたら、どんなにすばらしい作品が生まれたことでしょう。若くして死んだために、大成できなかったことが、つくづく惜しまれてなりません。

＊1　『日本少国民文学新鋭叢書』の『牛をつないだ椿の木』（大和書店刊）一六九ページ。

＊2　波多野完治著『児童心理と児童文学』（昭和二五年、金子書房刊）二九二ページ。

＊3　『日本児童文学』（児童文学者協会刊）昭和三四年一〇月号所載、巽聖歌の「新美南吉の手紙とその生涯Ⅲ」から引用。

II 子どもの文学とは?

ちびくろ・さんぼ

数年前、日本で『ちびくろ・さんぼ』[*1]という本が翻訳され、出版されました。

あるところに、かわいい　くろんぼの　おとこの子が　いました。なまえを　ちびくろ・さんぼと　いいました。

ということばではじまるお話です。

これは、いまから六十年ほど前、スコットランド生まれのヘレン・バンナーマンという夫人が、小型の絵本としてつくったお話です。この『ちびくろ・さんぼ』が最初に出版されて数年たったとき、イギリスでもアメリカでも、「さんぼ」は子どもたちの人気者になっていました。それから六十年たっても、「さんぼ」の人気は少しもおとろえるどころか、大人の文学の世界でシェークスピアの人物が不滅のものであるように、これらの国の子どものお話の世界では、三びきのクマや、シンデレラや、親ゆびこぞうと並ぶほどの名士になっています。

こんなに長く続く「ちびくろ・さんぼ」の人気の原因は、いったいどこにあるのでしょう？

子どもたちに、はじめて「ちびくろ・さんぼ」を与えたとき、大人たちは、なんの疑いも持たずに、こんなおもしろい話は、昔から伝えられた話にちがいないと思いこんでしまいました。

そこに、子どものためのおもしろい話についての秘密がありそうです。

物語は、ちびくろ・さんぼと彼の家族の紹介からはじまります。一ページごとに、一つの絵と、数行の文章だけです。

　　おかあさんのなは　まんぼ、おとうさんのなは　じゃんぼと　いいました。

それから、さんぼの衣装があらわれます。一点ずつ、そのものずばりがでてきます。はじめに、赤い上着と、青いズボン。つづいて、みどり色のコーモリ、そして、さいごに、むらさき色のくつです。

ちびくろ・さんぼは、こんな色どりあざやかな衣装を身につけて、

じゃんぐるへ　さんぽに　でかけました。すこし　いくと、とらが　でてきました。

「ちびくろ・さんぼ！　おまえを　たべちゃうぞ！」と、とらは　いいました。

つぎからつぎへと、とらがでてきて、さんぼの上着と、ズボンと、くつと、コーモリをとりあげて、おもしろおかしい、しかも、ちゃんと理屈にかなった方法で、からだにつけて、いきようようと、じゃんぐるの中に姿を消していきます。

クライマックスでは、とらたちは、木のまわりをぐるぐるまわっているうちに、すっかりとけてバターになってしまいます。

そして、ちびくろ・さんぼは、とらのバターで焼いたパンケーキを百九十六たべて、ハッピー・エンドになります。

ちびくろ・さんぼが、幼い子どもたちにとって非常にすぐれた作品であるということは、六十年の歴史が証明しているばかりでなく、現在の日本の子どもたちにとっても、たいへんおもしろいものであることは、子どもをとりあつかっている多くの人た

ちから、聞かされたことですが、ここに興味ある、一つの科学的な実験の例をあげておきましょう。市川市国立国府台《こうのだい》病院精神科の村瀬、山本両技官は、幼い子どもたちが、どのようなタイプのストーリーにもっとも興味をひかれるかを知るために、何冊かの本を使って、子どもたちの反応をテストしました。実験には、『ちびくろ・さんぼ』『おかあさんだいすき』『ふしぎなたいこ』『まりーちゃんとひつじ』『おそばのくきは、なぜあかい』の五冊[*2]が使われました。

これらの本を、四歳から七歳までの男女五二四名に、五〇名くらいを一グループとして読んでやり、その反応を調査しました。その具体的な方法については、紙面の関係でここでは省略しなければなりませんが、反応にあらわれた傾向を見ることは、私たちの一つの参考になるでしょう。

子どもたちの、気に入った順序で、順位をみると、

⑴　ちびくろ・さんぼ
⑵　ふしぎなたいこ
⑶　まりーちゃんとひつじ
⑷　おかあさんだいすき
⑸　おそばのくきは、なぜあかい

という結果がみられました。

なぜこのような順位が見られたかを、話の内容から考えてみると、上位にある作品ほど、登場人物の心理、倫理性、教訓性など、抽象的な要素は弱く、具体性、行動性、リズム、スリル、素材の親近性、明るさ、ユーモアなどの要素が強いことがわかります。もちろん、子どもたちの成長にともなって、作品の中のどの要素が重要になってくるか、その度合いは異なってくるものですが、子どもたちの文学として、幼い子どもたちがいちばんはいりやすい形式はどんなものであるかということについて、この実験は、一つの重要なポイントを提示しているように思います。

いちばん幼いときに

では私たち人間は、いったい、いつから文学を生活にとりいれていくものなのでしょう。私たちは、声、そして、ことばが、お互いの心のいちばん基礎的な伝達手段である世界に生まれてくるのです。そして、ことばのないところに、文学はありえません。つまり生まれた瞬間から、私たちは、文学に必要な条件である、ことばの世界で成長していくのだといえます。

これは、なにも目も見えない赤ちゃんに、お話を読んで聞かせるということではありません。母親たちは、子守うたを歌って赤ちゃんをねかせます。もちろん、赤ちゃんに子守うたの意味がわかるはずがありません。ここちよい母親の声のひびきが、赤ちゃんを眠らせるのです。

ここちよい声のひびき、それは、はじめは、ただ身体に感じられる、やすらかな音の調べともいえましょう。

やがて、赤ちゃんは、よちよち歩きのできる幼児に成長していきます。そしてことばをおぼえはじめます。自分の身のまわりのものや、ほしいものをことばで示すようになります。

つぎにことばとともに、幼児は身体をつかって遊ぶことをおぼえます。

このベル鳴らした　(髪の毛を一つまみひっぱる)
このドアたたいた　(額をたたく)
この錠はずした　(鼻をつまみあげる)
さあ　さあ　はいりましょ*3　(口をひらいて指を中へつっこむ)

一人で遊び、二人で遊び、そして、大ぜいの子どもたちと、いっしょに遊ぶようになります。

かごめ　かごめ
かごの中のとりは
いついつ出やる
夜あけのばんに　つるつるつーべった

とか、

つるとかめと　つーべった

そういうと、全員が土の上にしゃがんでしまい、そのあとで、

うしろの正面だあれ

と、時のたつのも忘れて遊びます。

私たちは、童唄《わらべうた》という、祖先からのすばらしい遺産を引きついでいます。ところが、残念なことに日本では、この大事な遺産を、文明開化とか、戦争とか、忙しい時代を経ている間にすっかり忘れようとしています。これは、子どもの文学の立場からいえば、たいへんな損失です。日本の歴史あさい近代児童文学が、子どもたちから浮きあがってしまったといわれるのも、こんなところに一つの理由がありましょう。

児童文学の伝統が守られてきた欧米では、「お話を聞かせて！」という年齢になる前の子どもたちのために、児童文学者たちによって、また親たちによって、昔からの童唄がしっかりと守られてきました。

たとえば、イギリスでは、これらの童唄は〝マザー・グース〟と呼ばれています。それは、昔、マザー・グースというおばあさんが、子どもたちに歌って聞かせたという伝説からきています。このマザー・グースの起源をさぐれば、昔話と同じように、王さまや女王さまのことを風刺したり、政治家をなじったり、金持ちの子どもをうらやんだりしたことなどが、裏の意味としてふくまれています。ところが、代々この歌を聞いて、そして、歌って喜んできた子どもたちにとって、そんな風刺などは問題ではありません。愉快なことばの遊びとして、また、お話を聞くような楽しさで、これをうけついできました。そして、英文学の中では、聖書についで、このマザー・グースの中から多くのことばが引用されています。

マザー・グースを聞くことによって、また歌うことによって、幼い子どもたちは、楽しみながらことばをおぼえるばかりでなく、ことばの持っている音楽的なひびきを聞く耳を育てます。ことばの持つ意味は、もう少し成長してからの問題となります。

お月夜

へいこら　どっこい　ひょっこらしょ
猫《ねこ》が胡弓《こきゅう》ひいた
牡牛《めうし》がお月さまとびこえた
小犬がそれ見て笑い出す
お皿《さら》がおさじを追っかけた
へいこら　どっこい　ひょっこらしょ*4

この例一つでも、リズム、動き、ユーモア、子どもにわかりやすい登場者など、幼い子どもむきの文学が持たなければならない要素を、すべて備えています。

このブタ　ちびすけ
このブタ　ちびすけ　市場へまいった
このブタ　ちびすけ　おるすばんでござる
このブタ　ちびすけ　牛肉あぶった
このブタ　ちびすけ　なあんにももたなんだ
このブタ　ちびすけ　ブウブウブウ
いっしょにおうちへ　よいとこらしょ*5

例をあげていけばきりがないほど、楽しさにあふれています。その他、とりあつかっている素材も、情景も、それから受ける感じも、非常に多彩なものです。奇妙な人物、動物、いたずらな子ども、遊び、ゲーム、「隣の客は柿《かき》食う客だ」というような調子の早口まわしなど、子どもたちの興味をじょうずにとらえるようにできています。日本にも、私たちのおじいさん、おばあさんのころまでは、マザー・グースにくらべても、少しも劣らぬ童唄がありました。その中には、時代を経てみがかれたものだけがもっているよさがありました。日本語にはリズムがないといわれますが、ことばのもつ意味と、発音されたことばのもつひびきが、見事に調和している例も少なくありません。私たちは、欧米の文学の早急な移入の間に、私たちの文学の基礎となるもので、私たちが昔からもっていたものを忘れたのではないでしょうか。そのうえ、日本の遺産であり、日本の未来に必要なものまで、捨てさってしまったように思われます。

タンタンタルキの酒だるき
油にしょうちき水はじき
桶《おけ》で餅《もち》ついておなかにあげて
さんさすつぐれて、かんさもづくれて
どうでもこうでも
向いのおあねさそれわたすそれわたす*6

とか、

タンタルキの水はずみ
起きてはんばのつィラ(婆の面)見れ
タアツクタアツク*7

とか、

いくよのくるよのおたようタヨ
おたよのタヨタヨ*8

お祭りに歌われる最後のものなど、神さままでが笑いだしてしまいそうな、こっけいなことばのひびきをもっています。

お話の年齢

幼い子どもたちは、活動し、何事にも興味を持ちながら成長をつづけます。

そして、やがて「お話ししてよ！」とせがむようになり、話しはじめれば、「それから、それから？」と、つぎの出来事に胸をはずませます。それが、子どもたちの自然の姿です。

　このような子どもたちの要求に対して与えられる童話は、わかりやすいということが非常にたいせつであることは、自明の理屈でしょう。「ちびくろ・さんぼ」の項で、この問題に少しふれましたが、ここで、もう少し深く考えてみましょう。このわかりやすいという点で、私たちがおかしやすいあやまちは、わかりやすいとは、子どもくさいやさしいことばで、しかも、大人の眼から見て、このくらいやさしく書けば、子どもたちにもわかるだろうという態度で書かれたものをさして、それをわかりやすいとすることとです。子どもの文学の形式として、何がわかりやすいかということは、少し意味がちがいます。

　ここで、わかりやすさの点で、私たちの手本になってくれる昔話をとりあげて考えてみましょう。印刷術の発明されなかった大昔から伝えられた昔話は、大人にも子どもにも、共通に楽しまれ、現在まで伝えられてきました。もちろん、昔話の中には、人間の欲望であるとか、民衆の願望であるとか、抽象的な観念を比喩的にあらわそうとしているものも多々あるし、子どもたちにむかない話もあります。しかし、文学の形式として、しかも子どもたちにすすんで与えられるべきすぐれた物語の形式として、昔話を考えてみると、なぜすぐれたものであるか、また、なぜその影響によって、たくさんの古典的児童文学作品が生まれたかの理由もわかります。

昔話は、どこの国の昔話でも同じように、何世紀も世代を経て伝えられてきました。その長い期間には、つけくわえられたり、けずりとられたりした部分もありますが、話のもつエッセンスだけは変わらずに残りました。このエッセンスとは、目に見える具体的、しかも客観的な出来事であって、個人的な感情とか情緒、すなわち主観的なもの抽象的なものではないのです。そういうものは、ある時代に、昔話を再話する人によって、その時代に特有な感覚をもってつけ加えられても、つぎの時代には、またけずりとられてしまうのです。この目に映る具体性ということは、子どもの文学で、非常にたいせつなことです。どんなにやさしいことばで表現してあっても、それが、目に見える具体性に欠けるものであった場合は、わかりやすいとはいえないのです。すなわち子どもたちの心の目に、はっきりとした絵となって映らなければなりません。

昔話の形式

では、子どもの文学として、これほどたいせつな、基本的な要素をふくんでいると見られる昔話について、もう少しくわしく考えてみましょう。

昔話では、一口にいえば、モノレール（単軌条）を走る電車のように、一本の線の上を話の筋が運ばれていきます。大人の小説でよく使われる回想形式とか、あるいは、物思いにふけるとか、つまり、一本のレールから話の筋がはずれて、あちらこちらをぶらりぶらりすることがありません。もちろん、モノレールの電車でも、山を越え、トンネルをくぐるように、昔話の中でも、話の道筋に起伏はあります。このモノレールは、一つの話の中の、時の流れと考えればよいでしょう。時の流れに沿って出来事が連続していて、一つの出来事とつぎの出来事との間に、もとにもどって読み返しを必要とする複雑さもありません。なぜなら、昔話は、口伝えに語られたからです。ひとりの聞き手が「じいさんや、いまんとこ、ちっともどって話してくれや」といえば、話し手も他の聞き手も興をそがれてしまいます。むずかしい文学作品を読む場合に、読者は、話が混線してくると、数行なり数ページなりあとにもどって、混線した糸をほぐすことができますが、耳で聞いた昔話では、それができませんでした。それゆえに幼い子どもにもわかる、はっきりした形式になったのです。

だいたいの昔話は、どれをとりあげても、はじまりの部分、展開の部分、しめくくりの部分と、三つの部分に分かれています。モノレールに終点がなければ、子どもたちは疲れるし、途方にくれてしまいます。大人の文学では許されるかもしれない「行くに行かれず、帰るに帰られず」、あとは読者の判断によるというような態度は、それこそ子どもをこまらせます。

はじまりの部分

昔話では、はじまりの部分で、最小限に必要なことばを使って、一つの物語に必要なものすべて——時間、場所、おもな登場人物、テーマ（中心となる問題）と、出来事の発端——が紹介されます。

「むかしむかし」「とんと昔あったそうな」と時間が示され、その簡潔な出だしは、昔話や、いわゆるおとぎ話を聞いたり読んだりする子どもたちを、どんなことでも起こりうる、別の世界へむりなくひきいれます。よく、一部の心理学者や教育学者、それから神経質なおかあさんなどが、この宇宙時代に「むかしむかし」だなんて時代錯誤だといわれますが、これは何も子どもたちを古くさい因習の世界へ押しもどすことでなく、逆にいちばん素朴な形で、豊かな想像の世界へ導き入れる子どもの文学の上でのすぐれた手法なのです。「むかしむかし」と聞いた瞬間、子どもは、ゆっくりすわりなおして、これから楽しい世界へはいるのだぞ、という心の姿勢をととのえます。

つづいて、「あるところに」「森の中の小屋に」「橋の下に」と場所が示されます。あるところや森のけしきがどんなであったとか、小屋の中がどんなにみすぼらしいものであるかなどという寄り道は、ぜんぜんしていません。すぐに「おじいさんとおばあさん」が、「三びきの子ブタ」が、「でっかいヤギと、中くらいのヤギと、小さなヤギ」が登場します。それからすぐに、テーマが示され、出来事の発端にうつります。

子どもに適する昔話の代表的なものといわれる、ノルウェーの昔話の、「三びきのヤギ」のはじまりの部分をとりあげてみましょう。

むかし、三びきのやぎがいました。なまえは、どれもがらがらどんといいました。
あるとき、やまのくさばでふとろうと、やまへのぼっていきました。
のぼるとちゅうのたにがわにはしがあって、そこをわたらなければなりません。

はしのしたには、きみのわるいおおきなトロルがすんでいました。ぐりぐりめだまはさらのよう、つきでたはなはひかきぼうのようでした。

さてはじめに、いちばんちいさいやぎのがらがらどんがはしをわたりにやってきました。

時は昔、場所は谷川にかかっている一本の橋、登場するものは、ふとりたい三びきのヤギ、テーマは困難とのたたかい。できるだけ少ないことばを使って、一つの物語の筋書に必要なすべてのものが、いいつくされています。そして出来事の発端が示されています。

展開部

展開部は、一つの物語の本体といえましょう。はじまりの部分で発端の示された事件が、動き出し、次第に山を登りつめてクライマックスに達します。クライマックスでは、テーマとなった問題の最後の解決が示されます。

かた　こと　かた　こと　と、はしがなりました。

「だれだ、おれのはしをかたことさせるのは。」

と、トロルがどなりました。

「なに、ぼくですよ。いちばんちびやぎのがらがらどんです。やまへふとりにいくところです。」

と、そのやぎはとてもちいさいこえでいいました。

「ようし、きさまをひとのみにしてやろう。」

と、トロルがいいました。

「ああどうかたべないでください。ぼくはこんなにちいさいんだもの。」

と、やぎはいいました。

「すこしまてば、二ばんめのやぎのがらがらどんがやってきます。ぼくよりずっとおおきいですよ。」

「そんならとっとといってしまえ。」

と、トロルはいいました。

（二ひきめのヤギ登場、一ばんめのヤギの場合と同じくりかえし。身体の大きさに比例して橋の鳴り方が違う。）

しばらくして、二ばんめのやぎのがらがらどんがはしをわたりにやってきました。

がたごとがたごとと、はしがなりました。

「だれだ、おれのはしをがたごとさせるのは。」

と、トロルがどなりました。

「ぼくは二ばんめやぎのがらがらどん。やまへふとりにいくところだ。」

と、そのやぎはいいました。

まえのやぎほどちいさいこえではありません。

「ようし、きさまをひとのみにしてやるぞ。」

と、トロルがいいました。

「おっとたべないでおくれよ。すこしまてば、おおきいやぎのがらがらどんがやってくる。ぼくよりずっとおおきいよ。」

「そうか、そんならとっととうせろ。」

と、トロルがいいました。

（三びきめのヤギ登場、だんだん身体が大きくなる。）

ところがそのとき、もうやってきたのがおおきいやぎのがらがらどん。

がたん、ごとん、がたん、ごとん、がたん、ごとん、がたん、ごとんと、はしがなりました。あんまりやぎがおもいので、はしがきしんだりうなったりしたのです。

「いったいぜんたいなにものだ、おれのはしをがたぴしさせるやつは。」

と、トロルがどなりました。

「おれだ！　おおきいやぎのがらがらどんだ！」

と、やぎはいいました。それはひどくしゃがれたがらがらごえでした。

「ようし、それではひとのみにしてくれるぞ！」

と、トロルがどなりました。

（同じ場面のくりかえしが三度目になって、トロルとヤギの対決が次第にせまってくる。一ぴきめ、二ひきめは、同じ方法で邪魔物トロルからすりぬけている。三びきめの登場により、物語はクライマックスに近づく。）

「さあこい！　こっちにゃ二ほんのやりがある。これでめだまはでんがくざし。おまけに、おおきないしも二つある。にくもほねもこなごなにふみくだくぞ！」

（クライマックス）

いいおわるや、やぎはトロルにとびかかり、つのでめだまをくしざしに、ひずめでほねごとからだをうちくだき、トロルをたにがわへつきおとしました。

それから、やまへのぼっていきました。

この展開部では、むだのない出来事と、効果的な会話と、その二つの必要なだけのくりかえしで盛り上げている劇的効果は、みごとなものです。

困難とのたたかいというテーマが、行動を通じて明確に示され、しかも、満足のできる解決が与えられています。

しめくくりの部分

やぎたちはとてもふとって、うちへあるいてかえるのもやっとのこと。もしもあぶらがぬけてなければ、まだふとっているはずですよ。そこで――

チョキン、パチン、ストン。
はなしはおしまい。

満足感にあふれた、すっきりした結末です。子どもたちにこの話を与える場合には、余分な注釈は禁物です。三びきのヤギの世界から、子どもたちを無残にもひきはなすことになりますから。

この話一つでも、がっちりしたむだのない骨格を示す、昔話のよさがわかります。

子どもの文学で重要な点は何か？

昔話で、私たちは、おもにわかりやすさと、しっかりした骨組みについて考えてみました。

しかし、私たちが考えてみなければならない基礎的な問題は、まだあるようです。いままで、ばくぜんとしか考えられていなかった子どもの文学、ことに創作童話において重要な問題である、素材とテーマ、プロット、登場人物の描写、会話、文体（表現形式）などについて、考えてみましょう。

素材とテーマ

一冊の子どもの本を書く場合に、何を材料として書くかということと、その材料を通じて、何を述べようかということが考えられます。前者が素材、後者がテーマといえます。

この素材は、ネコにしようとか、イヌにしようとか、孤島の冒険にしようとか、作者の知識に応じて無数に考えだされるもので、一つの作品の価値を判断する要素にはなりません。非常によい素材を取り上げても、できあがった作品はつまらぬこともあり、ナンセンスな素材を取り上げても、作者の想像力とすぐれた技術により、感銘を与える作品となることもあるからです。同じ意味で、素材がよいからといって、偉人の伝記のほうが、おとぎ話より子どもにすすめられるものだなどとはいえません。

テーマは、中心主題とか、中心となる問題です。つまり、一つの物語の基礎となる一貫した考えです。それは一つの作品の底を流れる哲学とか、人生上の諸問題ともいえましょう。このテーマは、子どもの文学では、一つの物語の中で、いろいろな出来事に遭遇し、それを処理していく登場人物の態度、行動、会話で、如実に示されることがたいせつです。たとえば、太郎のずるさを示すために、ずるいとか、こすいとか、よこしまなとか、腹黒いとか、いくつ形容詞を連ねてみたところで、読者には実感はわきません。この点でも、昔話はよい手本を示してくれます。

たとえば、私たちは平和を望みます。個々の人間にとって、具体的に平和の意味するものは、衣食住の確保です。昔話の中によく出てくる森の中の一軒屋は、外敵の襲来から、また自然の脅威から身を守る私たちの本能の象徴です。パチパチと音をたてて燃える火は暖かさを示し、囲炉裏《いろり》のなべは貧しいながら食生活の安定を示しています。もちろん、長者の屋敷や、豪勢な宮殿の生活も出てきますが、シンデレラも、「長靴をはいたネコ」に出てくる三男坊も、心ただしいがゆえに、豊かな幸福な生活に終わっています。子どもたちは、森の小屋にも、宮殿にも、自分の身を置くことができます。そのいずれも、ある満足感を与えています。森の小屋は平和を、あるいは未来への可能性を意味しているからです。また、恐怖や困難に打ちかつ愛の話が数多くあります。ヘンゼルは自分の身を賭《と》して妹を守り、グレーテルは、ヘンゼルが危険にひんしたとき、彼を救いにやってきます。また、いろいろの英雄は、失われた愛を求め、束縛の力から自由になるために、あらゆる困難にあたっていきます。これらの話の中には、弱きを助け、誤解をとき、正しさと勇気は常に報いられるという理想的な人生哲学の数々が示されています。子どもたちは年齢によって、意味深長な哲学そのものは理解しませんが、登場人物の行動から感覚的にうけとめることはできます。

いま述べたように、目にみえる形でテーマをあらわすことがたいせつであると同時に、年齢に適したテーマをとりあげることもまた必要です。童話という形式を借りて、死であるとか、孤独であるとか、もののあわれを語ることがどんなに不適当なものであるかは、欧米の児童文学の歴史がはっきりと証明してくれます。十八世紀末までさかんに書かれた、抹香《まっこう》くさい信心物語――その中では、「よい子」は早死にをすることになっています――とか、病的な感傷主義の作品は、世紀がかわると同時にすっかり忘れ去られてしまいました。もともと子どもたちは、そんなものは読まなかったのです。また、悲惨な貧乏状態を克明に描写したものや、社会の不平等をなじったものなども、いつの時代にも書かれています。いずれの場合も、大人である作者は、真剣な態度でこれらと取り組み、テーマそのものはまじめなものです。そして、多くの批評家や、一般の大人は、非常な感銘を受けて、これを子どもたちに買って与えました。しかし、そうした物語は、ストーリー性のない観念的な読み物となっていることが多く、どうしても子どもたちをひきつけることはできません。

また、時代によって価値のかわるイデオロギーは――たとえば日本では、プロレタリア児童文学などというジャンルも、ある時代に生まれましたが――それをテーマにとりあげること自体、作品の古典的価値（時代の変遷にかかわらずかわらぬ価値）をそこなうと同時に、人生経験の浅い、幼い子どもたちにとって意味のないことです。

プロット

大人の小説にも、児童文学作品にも、プロットがあります。プロットの複雑さの程度には相違がありますが、プロットは、一つの物語の中で、前に述べたテーマを表現するために形づくられる筋といえましょう。

いちばん単純なことばでプロットを定義すれば、「一つの物語のためのプラン」ということができます。

プロットの複雑さは、幼い子どもむきの童話から、少年期、青年期、成人と、作品の対象が進むにつれて変化します。

幼い子どもから少年期を対象とする作品では、事件の組み合わせがプロットを構成する強い要素となり、対象の年齢が進むにつれて、事件と事件の間に、複雑な因果関係とか、心理的な葛藤《かっとう》がはいってきます。

では子どもたちは、本を読む場合に、「それから？」と「なぜ？」という、二つの態度のどちらをさきに取るでしょう。記憶と判断力を必要とする「なぜ?」よりも、むしろ単純な好奇心からくる「それから?」と事件の進展を追うことのほうがふつうです。近代の童話にみられる、時間的な事件の連続から離れて横道にはいっていく傾向の作品が、子どもたちをひきつけることのできないのは、こんなところに理由があります。

日本の幼年童話の代表的作家といわれる浜田広介の作品に、「一つの願い」というのがあります。

一本のうらぶれた街燈があって、そのあわれな運命の中から、一度でよいから星のように思われたいという願いを持っていました。その願いがあるあらしの夜に、貧乏な親子の「あの星より明るいなあ」ということばでかなえられ、そのあとで、あらしによって根もとから倒されるという話です。

題名に示されている、あわれなものの持つ一つの願いがテーマであると思われますが、このテーマは、時間の流れにそった事件の連続によって追求されてはいないで、ただ街燈のしめっぽいひとり言と、そのあわれなようすの描写と、貧乏な親子が通りかかるという偶然な出来事だけで語られています。しかも結末は、街燈の死です。「それから?」と子どもの好奇心をそそる要素は少しもありません。しいてプロットといえば、古くなった街燈と、倒れる運命の因果関係ぐらいのものでしょう。

幼い子どもたちは、原因と結果を示すふしぎな法則——因果関係——に関しては、わずかな知識の持ちあわせしかありません。もちろん、そういう知識は、人生を理解する上に必要なことですが、それは、いろいろな経験を積んでいくあいだに自然にそなわってくるもので、はじめから子どもたちにそれをもてと要求するのは、むりなことです。

このような、因果関係とか心理的な葛藤がわかる年ごろになるまでは、子どもたちの眼は、はっきりと目に写る事物や出来事にむけられます。

いちばん単純なプロットは、やさしいマザー・グースの歌に見られるような、

このベル鳴らした
このドアあいた
この鍵はずした
さあ　さあ　はいりましょ

と、簡単な動作のくりかえしのようなもので、けっこうそれだけで、十分、一つのま

とまりのあるものです。

そのつぎの段階は、「おかあさんが、おつかいにいったらね、むこうからポチがきたのよ。『今日は』といったら、ポチも『今日は』といったのよ。それから、ブタがきてね……」という調子で、平均した興味が大げさでない動作でつながれ、ゆるやかに終わるものになります。

つぎの段階が、「ちびくろ・さんぼ」や「三びきのヤギ」で示されたように、一つの物語のプロットが、起伏ある事件の連続で構成されているものです。そして一つ一つの事件が、子どもの興味をひきつける劇的な動きを持ち、プロットはまっすぐ進んで、クライマックスに達します。

そのつぎにくる、アンデルセンの童話や昔話の多くのものは、だんだん複雑になって、大人の小説のプロットに近いものになっています。連続する事件が、ただ偶発的なものでなく、因果関係をふくめて組み合わされています。それから、物語の中心線ともいうべきものから離れて、伏線が用意されます。たとえば、シンデレラの物語でいえば、シンデレラと意地悪なねえさんたちの関係がそれにあたります。

こうして物語のおぜんだてが複雑になって、事件と事件とのつながりに因果関係の影を与えることは、文学作品としての深味を加えることになりますが、しかし、対象が子どもの場合、事件の時間的つながりからあまりに離れて、そこで作者の人生観なり哲学なり感情なりを、微に入り細にわたって述べることは、読者としての子どもたちを突き放すことになりがちです。

登場人物の描写について

近代の創作童話の中には、登場人物の描写についても、同じようなゆき過ぎが認められます。昔話では、この点もたいへん賢明に処理してあって、登場人物の性格を子どもにもわかりやすいタイプに分けています。金持ちとか、貧乏とか、正直とか、よこしまな、また、ずるい、賢いなど、人間の基本的タイプを物語のはじめに示しています。必要な場合は、それに加えて少しばかりの個人的なかおりを与えています。たとえば、心のやさしいシンデレラは、パーティーや美しいドレスを夢みる十代の少女であり、赤ずきんは、信じやすい、むじゃきな幼い女の子であるなど。

読者の子どもが、もう少し成長すれば、登場人物には、読者の年齢相応の意義づけがおこなわれます。たとえば、野球をしている少年のフェアーな態度とか、無人島に上陸する少年の勇敢な行動がそれを示します。

いずれにしても子どもの文学では、登場人物の性格は、その人物の行動と、会話によってあらわされることがたいせつです。そして、その行動と会話によって、子どもたちは、登場人物に共鳴したり、反感をもったりするのです。

会話の重要さ

私たちは舞台で演じられている劇を見る時に、戯曲を読む場合よりはるかに強い感銘を受けます。これと同じように幼い子どもたちは、本を読んでもらうことを喜びます。その大きな原因の一つは、会話が生きてくることです。もちろん、印刷された書物で会話を聞くことはできませんが、それゆえになおさら、性格をはっきり示す会話の重要なことがわかります。一つの物語の中で、会話は、登場人物の性格を表現するばかりでなく、物語の事件を進展させる大きな役目を持っています。大人の小説の場合には、作者は、ここで事件を一時中断させて、個人の思想を吐露する場合もあるわけですが、子どもの文学の場合は、たいくつな説教をくりかえす絶好の場となる危険性があります。

文体

最後に、簡単に文体（表現形式）について述べますと、個々の作者は、それぞれの文体を持っています。それは、作者の言語を駆使する能力からくるもので、ことばの選び方、ことばの並べ方によって、ちがった文体が生まれます。そして、文体が書こうとする素材に適したものであることも、たいせつな条件の一つです。上品な文章が、必ずしもすぐれた文章とはかぎりません。また、広介童話はやさしいことばを使い、七五調だから幼年むきだとか、宮沢賢治は四四調だからすぐれた作品が書けたというものではありません。

作家の素材に対する深い理解と、それに適した言語を駆使する能力から、その作家のすぐれた文体が生まれるのです。

以上、多少技術的とも思われる解説をしてみましたが、しかし、私たち――教師も、児童図書館員も、母親も、それから児童文学の批評家も、これらの点を理解すると同時に、子どもたちに適したすぐれた児童文学作品を選んでやるためには、よいものと悪いものを見分ける力を養わなければなりません。それには、すぐれた古典作品を子どもたちといっしょに読むことが最善の方法です。なぜなら、長い年月、世界の子どもたちをひきつけてきたこれら作品の中に、子どもの文学に欠くことのできないものが、豊かに内蔵されているからです。

ファンタジー

さて私たちは、前の章で、子どもたちの物語にはどんな条件が必要か、プロットはどうあるべきか、性格の描き方はどうかとかいうように、いわば、その取りあつかいの方面について多く論じてきました。今度は、物語のうちがわの面、種類や題材について、かんたんにふれながら、児童文学の特異な分野と思われるファンタジーについて考えてゆきたいと思います。

しかし、そこにはいっていくまえに、順序として、児童文学の歴史をふりかえってみましょう。

ファンタジーのおいたち

どこの国でも、子どもは、昔から、文学を自分たちの生活にとり入れて生きてきました。もちろん、二、三百年むかしにさかのぼりますと、ごく幼い子どものための子守歌や童謡以外は、特に子どものためにつくられた文学はありませんでした。子どもは、おとなたちの語っているもののなかから、自分たちにわかるもの、おもしろいものを勝手にとりだして、たのしんだのです。そのころのおとなは、おとな自身が素朴で、いまからみれば、多分に子ども的な物の考え方をしていたといえましょう。そこで、おとなの話のなかには、子どもにぴったりしたものが多かったわけです。

ところが近代にはいって、人間は、外界のことについても、また「人間」自体についても、急速に広く深い知識をもつようになり、物の考え方はたいへんちがってきました。そして、文学の面でも、おとなが、個性的な、また意識の底にもぐりこむような、複雑でむずかしい世界にはいってゆくにつれて、子どもの文学は、おとなの文学とはっきりわかれました。

しかし、おもしろいことに、このとき、子どもは、昔のおとなのつくった昔話とわかれてしまうということはしないで、それはそのまま、自分たちの手にうけとってしまったのです。こうして、昔話は、過去からの遺産として、子どもの文学にくり入れられ、その先達となりました。

しかしまた、子どもといえども、新しい時代に生きる人間です。昔話だけで満足することはできません。また、おとなも、子どもというものは小型のおとなではないということを発見して、この百年来、子どものための文学が、さかんに創作されるようになりました。そこで、子どもたちは、作者不明の昔話といっしょに、特定の作者によって書かれた個性ある文学もたのしんでいるというのが、今日の状態です。

さて、昔話も、創作童話も、対象の読者（または聞き手）が、二歳から十二、三歳までの子どもという広い範囲にわたっているのですから、どちらにも、やさしいお話があり、むずかしいお話があるのは当然です。たとえば、昔話には、「かちかち山」や「三びきのヤギ」のような話から、「かぐやひめ」や「シンデレラ」のように小学校上級の子どもにふさわしいものまであります。それと同様に――というよりもそれ以上に――創作童話では、さまざまなお話がつくられました。たとえば、さきにあげた『ちびくろ・さんぼ』のようなのから、『海底二万哩《マイル》』のような冒険小説、『四人の少女』（若草物語）のような少女小説、『トム・ソーヤーの冒険』のような少年小説というように、その複雑さは、昔話には、とても見いだすことができません。

この両方を見わたしてみて、私たちは、ここに、おとなの文学とはたいへんちがった要素――前章にのべた、手法的な条件とはべつに――が、大きく幅をきかしていることに気がつきます。それは、児童文学では、現実にはおこりえないことが、たやすくおこりうるということです。

たとえば、児童文学のなかでは、動物が口をきき、魔法がおこります。ごく幼い子どものうたう歌、聞くお話をみても、すぐわかることですが、子どもは「お月さんいくつ」と歌い、「三びきのヤギ」が、トロルと口をきいてもふしぎには思いません。月が若い女であり、トロルという怪物が生きているかのように心に描くことは、大昔のおとなにとってと同様、今日でも幼い子どもには自然だからです。

しかし、今日の子どもたちが、昔の人間とたいへんちがった環境に育っていることも、事実です。そこで、子どもたちは、すべてが生きていると考えるアニミズム的な考え方からは、どんどんぬけ出しながら育ってゆきます。そして、読み物の面からいっても、小学校上級生の読む冒険小説、少年少女小説、ユーモア小説などになると、魔法の要素はほとんどなくなります。

ところが、その一方、児童文学には、かなり大きな子どもまでを対象としながら、まだそうした非現実の要素を少しもとりのぞかずにおく部門があります。とりのぞかないどころか、この部門では、わざわざ非現実をとり入れて、純粋化し、複雑化することによって、伝承文学の魔法の世界とはまたべつの、美しい世界をつくりだします。これが、ファンタジーといわれる分野です。

十九世紀の後半から、世界のあちこちで、おとなたちが、子どものための物語を書きはじめましたが、その第一陣をうけたまわったのも、このファンタジーでした。そして、その後の百余年間に生まれた児童文学中の傑作で、古典としてのこるだろうと思われるものも、このファンタジーのなかに圧倒的に多いということは、私たちにはたいへん興味ある問題です。

では、なぜ近代児童文学のなかで、ファンタジーが、そのような花ばなしい地位をしめたかを考えてみますと、その原因は、子どものなかの、容易に想像の世界にはいりこめる能力や、近代文明の複雑な移りかわりに原因があるように思えて、はっきりつきとめることがなかなかむずかしいのですが、つぎのようなことがあげられそうです。

一、なんといっても、子どもというものが社会的に尊重されてきて、子どもがどんなものであるかの研究が進んだこと。そこで、子どもの心の秘密をおとなが理解するようになったこと。

一、一般芸術批評の面でも、美しさ、たのしさというものが、価値として認められてきたこと。

一、昔話が民俗学の上から尊重され、また、そのなかのフェアリー・テールズ（妖《よう》精《せい》などが出てきて、ふしぎがおこる話）が、文芸上のロマン主義運動とともに新しい光をあびたこと。

一、また、児童文学が、一つの流れとして出発しはじめた最初のころに、力倆《りきりょう》ある作家や社会人が、子どもへの愛情から、また自分のたのしみのために、子どもの物語を書きましたが、非現実の世界は自分の哲学をもるのにたいへんよい地盤であることを発見し、傑作を数々生みだしたこと。

もちろん、これらの原因は、どれもべつべつにならびあって立っているものでなく、たがいに関連しあった、一つの大きな時代的風潮であったのですが、ともかくも、これらが重なりあって、子どもの文学に革命的なまでに新しい息吹《いぶ》きをふきこむ、貴重な分野を切りひらいてしまったのです。

ファンタジーを生むためには、子どもは、小型のおとなではないという発見が必要でした。子どもは、現在の自分より大きくなろう、大きなところにとび出ようという欲求、また、そうなれる能力を内にもって、毎日を生きています。その欲求は、知識欲にもなれば、冒険心にもなります。また、万物は生きているというアニミズム的な考えをぬけだしてからも、まだ架空な世界を描いて、そこに没入することのできる想像力にもなります。ままごとに熱中している時の、かれらのたのしそうな顔を思いうかべてください。じっさいのところ、子どもは、この想像の世界と現実との境めを、毎日、なんのむりもなく、出たりはいったりしながら、大きくなってゆきます。そして、やがて、その架空の世界に身をおくことが、だんだんに少なくなり、すでに得た知識や、経験からくる判断力を武器にして現実にとりくむようになると、人間はおとなになります。

しかし、子どもには子どもの世界があることが発見されたとき、この子どもの架空の世界にはいりうる能力を動員して、そこに自分の哲学をもりあげ、子どもとともに遊ぶ作家たちが出てきました。そして、その場合の作家たちは、子どものこの能力を多少とも失わずにおとなになった人でなければなりませんでした。

アンデルセンは、そのようなことのできる作家でした。また、ルイス・キャロルという筆名で『ふしぎの国のアリス』を書いた、オックスフォード大学の数学の講師、チャールズ・ルドウィッチ・ドジソンも、そのような人でした。しかし、ドジソンが、三人の少女を川遊びにさそいだして、川の堤で「アリス」の話をしはじめたとき、かれがはっきり、自分のしていることの意義を知っていたかどうかは、疑問だと思います。けれども、明るい日の照る夏の日の午後、子どもというものを象徴するような、愛らしい少女たちを目の前にして、ドジソンは、その何時間か、思慮分別あるおとなでありながら、子どもの世界にはいりこむという、容易でない大事業をなしとげてしまったのだという気がします。

そして、それは、近代児童文学にとっては、大いに慶賀すべき瞬間でした。近代でなければ成就されなかった一つの文学の分野、意識的につくりあげる架空な世界、ファンタジーが、ここに確立したからです。

ファンタジーの本質

子ども尊重の時代が来て、きそって書かれだした子どもにこびた物語や、おとなの見方からした、いわゆる「よい本」が、つぎからつぎに消えさってからも、児童文学のさきがけとしてあらわれたこれらの物語は、時代をこえて、世界の子どもたちに親しまれています。アンデルセンの物語は、子どもに不適当だ――なかには、たしかに今日の子どもに、どぎつくなったものがありましょう――とか、「アリス」は、子どもの本ではないという批評を聞きます。しかし、結局、アンデルセンや「アリス」を、百年も五十年も読みつづけてきたのは、子どもなのです。そして、子どもたちは、これらの星が消えないように守りつづけながら、文学でも、子どもの文学のなかだけで、いちばん美しい花をさかせることのできるファンタジーの価値を示してきたのです。

いま、ファンタジーが、子どもの文学のなかだけで、いちばん美しい成果をあげると書きましたが、ファンタジーが、ファンタジーとしての最高の美しさ、高さに達することのできるのは、子どもが子どもとしていちばん大きくなった一時期を対象としたもののように思われます。それより一歩成長して、おとな的になってしまえば、たいていの場合、その読者にとって、ファンタジーの魅力は失われます。その証拠には、おとなの文学では、ファンタジーは細ぼそとした命をたもっているだけです。

さて、さきへゆくまえに、ここらで、ファンタジーということばの意味を考え、それから、ファンタジーといわれる物語群には、どんなものがあるかを考えてみることにしましょう。

カナダの児童図書館員の先達であるリリアン・スミス女史は、『児童文学論』[*9]という、すぐれた児童文学評論集をだしていますが、そのなかで、ファンタジーということばは、「目に見えるようにすること」という意味のギリシア語だといっています。そうとすれば、この名は、ファンタジーの任務をじつによく言いあらわしています。

しかし、日本では、ファンタジーの意味を、非常にあいまいい、、、もことしたものにとりがちです。英和辞典をひくと、ファンタジーとは、「とりとめのない想像」とか、「幻想」とか、「幻覚」とかと、でてきます。また、日本語の辞書をひいても、「空想」「幻想」などとでてきます。おそらく、これは、心理学のほうの意味からいったら、ただしいのでしょう。が、こうした解釈を、児童文学のこのことばにあてはめますと、妙にとりとめのない、手ごたえのない印象をあたえ、また、じっさいにも、とりとめのない話がファンタジーとして通用しがちなのは残念です。

しかし、児童文学でファンタジーという場合は、非現実を取り扱いながら、目に見える、具体的な、一つの世界をつくりあげている物語でなければなりません。そうでなければ、子どもには理解できないのだということは、前の章でのべました。

さて、いままで、私たちは、ファンタジーは、「非現実を取り扱う」というような抽象的なことばを使ってきましたが、では、非現実とは、具体的にいえば、どんなものでしょう。

ファンタジーというものは、もともと作家が、自由に想像の世界にとびこんでいって書くものですから、その作家の素質、気質によって、題材も手法も千差万別、これほどさまざまな特色のある話のできる分野も、あまりないでしょう。それでも、外がわから大づかみにつかむと、このような分類もできそうです。

一、昔話の形式を忠実にかりたもの。（この例としては、ボーモン夫人作「美女と野獣」、ラスキン作「黄金の川の王さま」、アンデルセン作「大クラウス・小クラウス」など）

一、動物の世界を擬人的にあつかったもの。（グレアム作『たのしい川べ』、ロフティ

ング作『ドリトル先生』など）[*10]

一、おもちゃを題材にしたもの。（コッロディ作『ピノッキオ』、ミルン作『クマのプーさん』[*11]など）

一、フェアリーや超人的な生き物の出てくるもの。（ルイス〔・キャロル〕作『ふしぎの国のアリス』『かがみの国のアリス』、バリー作『ピーター・パン』など）

一、この世ともう一つの世界のいりまじったもの。または、となりあってあるもの。（トラバース作『風にのってきたメアリー・ポピンズ』、ノートン作『床下の小人たち』、ハドソン作『夢を追う子』など）[*12]

このように考えてみましたが、もちろん、ふしぎな世界のできごとで、おこりえないことはないというくらいのファンタジーのことですから、動物の話には人形は出ないとか、人間と動物はべつの話に出てくるとかいうことはなく、はっきりわくをきめて分類することはできません。とにかく、いろいろなものが、ふしぎにまじりあい、いま私たちの目の前にある現実とはまたべつな、もう一つの世界に、私たちをつれてゆくのです。そして、このファンタジーの世界にゆくために、作者たちが、昔からくりかえして使っている常套手段が、いくつかあります。たとえば、

一、夢です。
物語の登場人物は、夢をみては、もう一つの世界にはいってゆきます。「アリス」のように、一度の夢が、お話の終わるまでつづく時もあります。または、一つの夢は、ひと晩だけで終わって、またつぎの晩みる夢で、前の晩いった国にゆく場合もあります。
一、つぎに遍歴の形をとることがあります。ハドソン作『夢を追う子』では、マーチンという少年が、南米の大平原にある自分の家の裏から、ふと蜃気楼《しんきろう》を追って出かけ、ふしぎな人の住むところ、動物やトリの住むところを経めぐります。
一、呪文《じゅもん》とか、魔力をもつ品物が出てきます。たとえば、ルイス作『とぶ船』[*13]では、おもちゃの船が、子どもたちを過去の世界へつれてゆきます。
このように何かのきっかけで、読者は、もう一つの世界に、いつ知らずつれてゆかれるのですが、しかし、そのように、いつ知らずというような成果をあげるためには、作者は、ただ動物に口をきかせたり、妖精を出してきさえすればいいのではありません。やはり、ファンタジーがそれだけの力をもつためには、作者は、きびしい文学上のおきてを守らなければならないのです。

つまり、ファンタジーが、どうしてももっていなければならないものは、その物語としての真実らしさです。この世ではおこりえないことを、じっさいにあるように描きだすためには、作者は、冒険小説や探偵小説を書くとき以上に緊密な、その物語としての論理をうちたてなければなりません。読者のがわで、うそらしいが、まあ、がまんしておこうでは、ファンタジーになっているとはいえません。横から見ても、縦から見ても、いかにもその世界で、外の世界からのすき間風がはいってきてはならないのです。すき間風がもれたら、魔法はやぶれてしまいます。

このようなことを達成するには、いままでのところですでにのべたもの、つまり、はっきりした筋だてとか、いきいきした性格とかの全部に、プラスゆたかな想像力および思想が必要だ、ということになります。

こうした点でも、私たち日本人は、いままでかなりのまちがいをおかしてきたと思います。非現実を描く物語だから、論理的な運びもいらず、人物の性格も描く必要なしとでもいうかのような作品をたくさん生んできました。たとえば、前の段に出てきた時は、やさしいおばあさんだったのが、後段では、いきなり、いんごうばあさんになっていても、現実の話でないから、べつにさしつかえないように思っていました。

けれども、このように、首尾一貫しないで、その時どきに、強い感情的なイメージをあたえるシーンをつなぎあわせた物語は、読後、子どもに、何かかなしかった、さびしかった、というような情緒的印象をのこすだけで、一つの生きて動く世界を創造したとはいえないのです。

さて、このような条件を守り通さなければならないとはいっても、そのあとファンタジーのゆきつけるところは、自由で広い世界です。ここでは、時代や国にしばられる必要はありません。ここにもりうる真実は普遍的です。たとえば、子どものための冒険物語や家庭小説には、いくら年上の子どもを対象にした場合でも、自由自在に高度の思想をもることはできません。――とはいっても、そういう物語は、書くのにやさしいということでは、もちろん、ありませんが――しかし、ファンタジーでは、善と悪との問題、愛情とにくしみの問題、人は何のために生きるのかという問題、つまり、人間のとりくむさまざまな問題を自由にとりあげることができます。たとえば、一つのファンタジーに出てくる善人と悪人は、それは、ふたりの人間ではなく、ひとりの人間の心のなかの相剋をあらわしているかもしれません。作者は、怪物によって悪を象徴する場合もありましょう。

こうして、表現も思想も、ファンタジーのなかで、子どもの文学で達しうるかぎりの高さに到達することができます。

ファンタジーを読んでいるあいだ、子どもは、ただ表面のおもしろさだけを感じて、ひかれて読んでゆくでしょう。しかし、かれらの読んでいることの底には、もう一つの意味があります。それは、その物語に読みふける子どもには、すっかりはわからないかもしれません。しかし、じっさいには、子どもは、その奥の意味を、いくぶん感じないでしょうか。一つのことがらには、表面にあることだけが真実でないということ、人間の世界には、複雑な面があることを感じないでしょうか。

それはともあれ、その物語が非常におもしろくて、子どもの心に沈みこめば、それは、その子が大きくなるにつれて、だんだん深い意味をもってよみがえってきます。といっても、私たちは、ファンタジーを、「イソップ」のようなたとえ話や、「天路歴程」のようなアレゴリーとまちがえてはなりません。この混乱が、日本のファンタジーを貧しくした一つの原因であると思います。寓話《ぐうわ》は、哲学にうすい皮をかぶせたものであり、ファンタジーの哲学と物語は、人間の肉体のように、そのなかに生命があるので、どこからどこまでが骨と肉、というように分けることはできません。

さて、いままでのべてきましたように、ファンタジーの効用というものは、知識の面とはべつな、精神的な面にありますが、もう一つだいじなことは、子どもたちのもつ想像力を刺激し、驚異の念をいだかせ、老いこませないことでしょう。

今日のように機械的な時代には、想像力を立ち枯れさせないでおとなになることが、だんだんむずかしくなってきています。おとなばかりか、幼い子どもまでが、目に見えて証明できないことがらには、かんたんに「うそ」のレッテルをはりつけたがる時代になってきました。しかし、一つのことがらの裏がわまではいって洞察できるおとなと、そうでないおとなとが、どちらが現実を深くつかむことができるか、これは、いうまでもないことです。

今日の子どもの読書に、科学的なもの、また冒険小説や歴史物語とならんで、もっともっとファンタジーをもちこみたい理由は、ここにあります。しかし、物ごとにはすべて順序があって、万物が生きていると、すなおに感じられる時代から、ずっとつづけて想像の世界をたのしむ習慣をつけていないと、ファンタジーの世界にはいっていくことは、なかなかむずかしくなります。

今日の日本児童文学の現状をみますと、ほかの分野でもおなじことですが、ファンタジーの場合も、子どもの心をその世界へさそいこむような魅力のあるものが少ないのは、まことに残念なことです。私たち日本人は、情緒過剰の性格から、ファンタジーの世界にも、冒険や驚異、たのしさやユーモアよりも、かなしさ、暗さ、やるせなさのようなもの、また、骨ぐみある物語よりも、心象風景的な淡さをもちこみました。今後の日本児童文学が、この方面にもよい作品をどしどし生んでゆくことが熱望されます。

子どもたちは何を読んでいる？

ここまで考えてきて、あらためて、いまの日本の子どもたちが、文学といわれるものでは、どんなものを手わたされているかを見たいと思います。日本でも、外国でも、子どもが文学にはいる入口はおなじです。子どもは歌をうたい、お話を聞きながら、文学の世界へはいっていきます。ところが、日本の子どもは、入口をはいったとたんに、日本語で書かれたものと、外国からの輸入文学では、たいへんちがったようすのものをあたえられます。今日では、外国の児童文学も、たくさん日本に紹介されていますから、子どもたちの寛容な頭は、もしその両方に接するチャンスのある場合は、遠慮なく両方をあわせのんで育っていくでしょう。

では、現実には、子どもの文学の世界で、どんなことがおこっているか、みてみましょう。日本の子どもは、年齢別に見て、右手にどんな日本のお話を、左手にはどんな外国のお話をわたされているでしょうか。日本の場合には、一応だれでも、その題名を聞きなれている作品を、また外国のものでは、それぞれの国で名作となっていて、日本の子どももおもしろがっているものから選んで、大体の想像図を描いてみましょう。

伝承文学の面では、つぎのようなことになりそうです。

表（1）

年齢	日本固有のもの	外来のもの
3歳～5歳	「お月さま、いくつ」（歌） 「かごめ、かごめ」 「つぅぼんだ、つぅぼんだ」 「ずいずいずっころばし」（以上あそび）	「まりーちゃんとひつじ」 「ロンドン橋おちた」 「田んぼのなかの一けんや」（以上歌）
5歳～7歳	「肥後どこさ」 「花一匁」 「天神さまの細道」（あそび） 「舌きりすずめ」 「こぶとり」 「一寸法師」 「おむすびころりん」 「いなばの白うさぎ」 「さるかに」 「ねずみのすもう」（お話）	「三びきのヤギ」 「七ひきの子ヤギ」 「三びきの子ブタ」 「赤ずきん」（お話）
7歳～9歳	「つるの恩がえし」 「わらしべ長者」 「ききみみずきん」	「ジャックと豆の木」 「ヘンゼルとグレーテル」 「白ゆきひめ」 「親ゆびこぞう」 「長靴をはいたネコ」
9歳～12歳	「かぐやひめ」	「シンデレラ」 「アリババと四十人の盗賊」 「シンドバッド」 「ねむりひめ」

それから、もう一つ、創作された文学のほうではどうでしょう。

表（2）

年齢	日本の創作童話	外来のもの
3歳～5歳	浜田広介作 「こぶたのとことこ」	バンナーマン作 「ちびくろ・さんぼ」
5歳～7歳	？	ブリュノフ作 「ぞうさんばばーる」 バートン作 「ちいさいおうち」
7歳～9歳	宮沢賢治作 「オツベルと象」 浜田広介作 「むくどりの夢」	ロフティング作 「ドリトル先生」 アンデルセン作 「大クラウス・小クラウス」 コッロディ作 「ピノッキオ」
9歳～12歳	宮沢賢治作 「セロ弾きのゴーシュ」 坪田譲治作 「善太と三平」 小川未明作 「赤いろうそくと人魚」 芥川龍之介作 「くもの糸」	スティーブンソン作 「宝　島」 マ　ロ　作 「家なき子」 ルイス・キャロル作 「ふしぎの国のアリス」 バーネット作 「小　公　子」 スウィフト作 「ガリヴァー旅行記」 デフォー作 「ロビンソン・クルーソー」 アミチス作 「ク　オ　レ」 トウェーン作 「トム・ソーヤー」

どちらの場合にも気がつくことは、年が上になっていくにしたがい、外国から輸入された文学では、いくらでも作品の例があがってくるのに、日本の物は、なかなかすぐ頭に浮かんできてくれないことです。それから、外国文学では、年齢があがるにしたがい、長い複雑な物語になり、これを読む子どもは、だんだん成長して、おとなになった場合の準備態勢にはいるけはいがうかがわれます。それにひきかえ、日本文学では、情感の袋小路にさそいこむようなものが少なくありません。

その原因については、いままでの章でずっとのべてきたつもりですが、つまるところ、日本の児童文学では、子どもにあたえるための文学としては、切りすてるべきところ、つまり、情緒や心理的な説明をとり入れ、そして、とり入れるべきところ、つまり、事件や行動は重んじてこなかったということができそうです。

それは、個人の作家の罪というよりも、歴史的、社会的な理由からくる日本人の物の考え方、感じ方、また、この風土からうけた気質からもくるでしょう。

それはともあれ、二十年、三十年まえの子どもに何物かを訴えた日本の児童文学が、いまの子どもにはわからなくなったという現実に、私たちは目をむけなければなりません。昔の子どもと、いまの子どもはちがってきたのです。どちらの子どもが、自分らしく考え、物をいうかということになると、今日の子どもに軍配をあげなければなりません。

ところが、この自分らしく物を考えようとしている子どもたちの読み物のことについて、日本のおとなは、今日、ほんとうに本気に考えているでしょうか。親たちも、教師も、出版社も、本気で、この子どもたちの読んでいるものをしさいに調べ、どれがいいかわるいか、子どもたちの反応はどうか——これは、帳面に子どもたちの感想文を書かせることではありません——を知ろうとはしてこなかったのが事実でしょう。

しかし、また一方、幸か不幸か、日本の子どもは、日本の児童文学だけを読んで育ってきませんでした。「あまのじゃく」を知らない幼児はあっても、「ジャックと豆の木」を知らない子は少ないのです。子どもたちは、自分たちにおもしろいものを選ぶ自由をいつも行使してきました。これから、マスコミの問題その他が出てきましょうが、それは、またべつの場所で論じられることがらです。いま、文学ということだけにかぎって考えて、子どもの場合にも、外国物が、ゆたかにはいってきたという事実は、一つには、日本の子どものしあわせだったかもしれません。しかし、それで、私たちは、安心だといっているわけにはいかないのです。私たちは、ここらでもう一度、『宝島』を自分の国のことばで読みふけることのできるイギリスの子どもの幸福を思いうかべて、日本の子どもにも、そのようなたのしさ、満足をあたえるための努力をする時がきていると思います。

しかし、児童文学もやはり文学ですから、あたえたいという考えだけでこしらえあげることはできません。物語は、作者の心に生まれ、育てられ、作品として完成され、その後、何年かのあいだの子どもの批判をうけて、価値がさだまるのです。そのようにして、よい作品が、いわば、子どもとの協力でつぎつぎに世のなかにのこされてゆくためには、それだけの社会的土台がなければなりません。

母親は、幼い子といっしょに、もう一度、自分の国のことばのひびきに耳を傾ける努力をし、教師は、まずその子たちの将来の武器である読み書きの能力を、それがのびるうちに、できるだけのばすことに努力し、作家は、新鮮な目で子どもたちの心の動きをみつめ、もう一度その世界のひみつをさぐりだす努力をしたいものです。そして、家庭でも、学校でも、図書館でも、本のなかにはすばらしい世界があるのだということを知らせたいものです。

これが、子どもの文学に関心をもつ者たちの任務でしょう。

＊1　『ちびくろ・さんぼ』（岩波書店刊）（黒人差別を助長するとの批判から、日本では一九八

八年以降、各社から刊行されていた「ちびくろサンボ」が絶版となった。その後、改作版や原著オリジナル版などが刊行されたが、二〇〇五年に最も多くの読者に親しまれていた岩波書店版が瑞雲舎から復刊された」

＊2　五冊とも岩波書店刊。

＊3　マザー・グース／北原白秋訳「このベル」（アルス、児童文庫25）

＊4　マザー・グース／北原白秋訳「お月夜」（右と同じ）

＊5　マザー・グース／北原白秋訳「このブタちびすけ」（右と同じ）

＊6　柳田国男著『分類児童語彙・上巻』（東京堂刊）八九〜九〇ページ。

＊7　右の注と同じ図書。

＊8　愛知県渥美郡福江町の九月里祭で、子どもたちが二本のばいで板をたたきながらうたう歌。

＊9　L・H・スミス著／石井桃子・瀬田貞二・渡辺茂男共訳『児童文学論』"The Unreluctant Years"（岩波書店刊）

ボーモン夫人作「美女と野獣」は宮崎嶺雄訳「ベルとベート」として、『世界の文学五年生』（一九五七年、あかね書房刊）に出ている。

ラスキン作「黄金の川の王さま」は松村達雄訳で『少年少女世界文学全集・第七巻』（講談社刊）に出ている。

＊10　アンデルセン作「大クラウス・小クラウス」は大畑末吉訳で『アンデルセン童話集㈠』（岩波文庫）に出ている。

グレアム作／石井桃子訳『たのしい川べ』（岩波書店刊）

ロフティング作／井伏鱒二訳『ドリトル先生アフリカゆき』およびその続篇（岩波書店刊）

＊11 ミルン作／石井桃子訳『クマのプーさん』（岩波書店刊）

＊12 トラバース作／林容吉訳『風にのってきたメアリー・ポピンズ』（岩波書店刊）

ノートン作／林容吉訳『床下の小人たち』（岩波書店刊）

ハドソン作／網野菊訳『夢を追う子』（岩波書店刊）

＊13 ヒルダ・ルイス作／石井桃子訳『とぶ船』（岩波書店刊）

付録　講演と回想

子どもと読書

石井桃子

今日は、〝子どもと読書〟という題で、子どもが本を読むことは、だいじなのだということお話をするつもりでおります。お話にはなれませんので、もたつくかもしれませんが、お許しください。

私、十年くらい前ごろから、子どもが自由に本を読むところを観察したり、子どもといっしょに本を読んだりというようなことをしてまいりました。なぜそういうふうなことをしてきたかと申しますと、どうも私には、日本でできる子どもの本について、うなずけないことがたくさんあったからでございます。

そのしばらく前から——戦後五年のころから——、私は岩波書店に入りまして、子どもの本を編集しておりました。そうして、その仕事の目的は、少年文庫という、外国の名作を紹介するシリーズを編集すると同時に、日本の創作を出していくということでございました。ところが、はじめてみますと、外国のものを紹介していくということだけに、すっかり力を使いはたしてしまったというのは、各々の訳者の先生に翻訳をしていただいて、本をつくるということが、私が思ったよりもむずかしい仕事だったからです。外国語を日本語に訳して、それを本にするといいますと、横のものを縦に直すだけで、やさしいことのように思われますけれども、それが、たいへんむずかしかったんですね。英語やフランス語やドイツ語の本を目の前におきまして、それを日本語に直し、自分で読んでみますと、訳した人にはちゃんとわかってしまいます。ところが、それを訳さない人間、原文を知らない人間、まして子どもが読みますと、その日本語がわからないことがたびたびあります。そういうことのために、私たち編集者は、何度も何度も訳者の先生方のところに伺って、子どもの身になって疑問の個所をうかがうというようなことをしていると、一つの本を作るのに、とても時間がかかってしまいます。そこで、一月に二冊本を出していくというような予定がありますと、とても日本の創作物を出していく余裕がございませんでした。

それが、日本のものを出していけなかった原因の一つでしたけれども、またもう一つの原因は、日本の創作物で、ほんとうに子どもにぴったりしていて、そしておもしろくて、美しい話を発見しようとなると、それが、またたいへんむずかしいことだったのです。それが、どのくらいむずかしいかということは、みなさん、おとなの頭でお考えになったんでは、ちょっと想像がおつきにならないんじゃないかと思います。

ほんとうにいい子どものお話を書くということはむずかしいことです。私も、それまで子どもの本を訳したり、書いたりしてきましたけれども、さて、編集者になって、ひとさまの原稿を読む立場になりますと、これは子どもにわかってもらえるかどうか、ほんとうに子どもにおもしろいかどうかということが、作者にとってよりも現実的な問題となって迫ってきます。

そこで、一方に外国のお話、一方に日本の創作物をおいて読んでみると、どうひいき目にみても、外国のお話の方が、子どもたちに理解してもらえる要素が多く、おもしろさの濃度もこいように思えてしかたがない。ところが、どうして日本のお話は子どもにうけとりにくく、おもしろさも少ないかということになると、私には、はっきり客観的に答えが出てこなかったのです。

ほんとうは、なぜそうかということが、はっきり答えられないと編集者の資格がないんですけれども、その時の私には、それができませんでした。そこで、どういうわけか、つまらないというような、もやもやとした疑問が、私のなかにたまっていったのです。こんなふうにして、子どもの本の編集者としての月給をいただいているのは、心苦しいことでした。自分の責任を果していないことになるからです。ちょうどそのころ、一年間、外国の子どもの本の出版とか創作とかを研究にゆくチャンスを得ましたので、喜んで出かけたわけでございます。

外国にいってみますと、それまでも本で読んで想像していたことではありましたが、子どものためのお話を書く人には、たいへん都合のいい仕組みができているのでございますね。それは、どういう仕組みかといえば、公共図書館というものが、非常によく発達していることでした。諸外国のうち、いちばんよく一般庶民のための図書館が発達しているのはアメリカで、その次はイギリス、それからドイツというような順だろうと思いますが、とにかく、そういうふうに子どもたちがやってきて、感想文を書かされたり、点をつけられたりする心配なしに、自由に本の読める図書館がたくさんできております。こういう組織が、英米では六、七十年まえから、かなり活潑に動きだしました。

では、そういう組織がありますと、子どもの本の上にどういう結果があらわれるかと申しますと、それは私たちがちょっと想像も及ばないようなおもしろいものなのです。

御承知のように、図書館の児童室に本を読みに来る子どもは、実に雑多なんですね。

階級的にいっても、年齢からいっても雑多で、三歳ぐらいで親に手を引かれてやってくる子どももあれば、小学校を卒業するくらいの子どももあります。そういうさまざまな子どもが、七十年、五十年、本を借りては返していると、どういうことになるでしょうか。七十年前にできた本で、それからずっと子どもに人気のあった本は、図書館ではだいじにとっておくということになります。もちろん、最初の時の本は、ぼろぼろになってしまっていますから、図書館では、七十年の間にその本を何度も買いかえて、補充したのです。こうして六十年前に出て、やはり子どもに喜ばれた本、それから四十年前出て喜ばれた本、そういうものが、だんだんに積み重ねられてまいります。

たとえば、ある年、ある本が出版され、それ以後、それを十歳の子どもが、来る年も来る年も、愛読したということになりますと、図書館員は、その本に注目し、これは十歳くらいの子どもの心をつかむ本で、図書館の棚からなくしてはいけない本だな、と知らされるわけでございますね。

こういうことが、四、五歳の子どもの本の場合にも、六、七歳の子どもの本の場合にも、その他の年齢の子どもの本の場合にもおこなわれる。

いっぽう、十年間、たいへん読まれたけれども、その後、ぱったり読まれなくなったという本は、図書館の書棚から取り除かれる。そして、それは、歴史的、社会的な価値のある作品として、おとなの研究の対象にはなるけれども、子どものための本棚には出されません。

さて、こうして蓄積された本が、英米の子どものための基本図書——どは、どの子にも読んでもらいたい本の集団——として、図書館に備えられるわけですが、こうした、「時」と子どもの自然な反応に照らした選択方法は、大変賢明なものではないかと、私は思いました。

なぜかというと、子どもは、自分はなぜこの本がすきかということを、なかなかはっきりことばで知らしてくれないものなのです。

日本では、よく子どもに本の感想文を書かして、子どもが読んだ本をどう思ったか知ろうとします。でも、その感想文は、どこまで正直かということを、私は疑うのです。人間は、何かが好き、またはきらいな時、なぜかということを説明できない場合もあり、まして子どもが、ある本から受けた印象をはっきり書けなくても、当然なのです。けれども、書かなくてはならないとなれば、子どもは書きます。私が、いつもおかしく思うのは、そういう感想文が、たいてい筋書きだったり、道徳的な読み方だったりすることですね。ですから、感想文というものは、作文の一種としての効果はあるかもしれませんが、子どもの本に対する自然の反応を見るには、あまり適当な方法ではないと思います。

ところが、自由に借りだせる図書館のようなところがあって、好きな本は何度でも借り出していいし、友だちに紹介してもいい。そうなりますと、子どもは非常に正直な読み方をします。

そういうふうにして、十歳の子どもは十歳なりに、五歳の子どもは五歳なりに、それを借り出すことによって、これは自分たちにはおもしろいんだよということをおとなに知らせてくれます。

さて、もとにもどって、こうして、六、七十年間、子どもに好まれた本が蓄積されたら、どういうことになるでしょうか。目に見える形としては、三、四歳から、十二歳までの子どもが、じっさいに好きだと証明された本が、大きな部屋の壁面いっぱいの棚に、ぎっしりたまるわけです。

私も外国にいって驚いたんですけれども、児童室の壁面はほとんど本棚になっておりまして、そこに本がいっぱいつまっているのです。そして、その本の九十パーセントは、いまもいったような時の試練を経てきた本なのです。そうして、その本棚にない本も、たくさんあるわけです。現に借りていかれている本は、そこに坐っていないからです。

さて、見える形としては、そういうことになりますが、では、こういうことが、本の中身には、どういう結果となってあらわれているかといいますと、子どもにとっては、もちろんおもしろいから、そこにその本が保存されているわけですが、また私たちおとなが、たとえば五歳の子どもが、どういうふうなものの考え方をしているか、どういう本ならば、喜んで読むのかということを知りたい場合、この五、六十年間に書かれた本で、いまの五歳の子どもにも喜ばれる本をぬきだして、しらべてみることができるのです。じっさいに、五歳くらいの子どもの興味を知りたいからとたのむと、英、米の児童図書館員は、たちどころにそういう本を二、三十冊だしてくれることができます。そういう二、三十冊の本は、それぞれにちがっております。主人公も違えば、お話の成り立ちも違います。ある本は自動車が主人公であったり、ある本は男の子が主人公であったりし、ある本は昔話で、ある本は創作物であったりします。けれども五歳くらいの子どもにお話を読んでやったり、書いてやったりしたい人にとってだいじなことは、そうしたいろいろな本の中から共通点を見つけることなんですね。その共通点がわかりますと、私たちは、五歳の子どもにはどういうふうなことを、どういう手段で語ればいいかということの見当がついてきますし、どのくらいな長さのものに、五歳の子はついてこられるかということもわかってきます。こうして長い間、二十年も三十年も——ほんとうに外国に行って驚きますことは、児童図書館員といわれる人たちが、三十年ぐらい年季をいれている人がざらにいるんですね——子どもと、子どもの親しむ本に接していると、ありがたいことにその人たちは、今年出版された本のなかから、いま申しあげましたような古典にあらわれている共通点に照らして、かなりはっきり新しい本を選びだすことができます。この本は落第だ、とか、この本は、おもしろがるな、とかいうようなことを、あてずっぽうでなく評価することができます。私が編集者として、自分の身につけたいと思っていたのは、つまり、このはっきりした鑑識眼だったのです。

さて、私は、勉強の旅に出る時は無我夢中で、子どもの興味などははっきりつかんだ経験もないままに、出かけたわけでございます。そうして、こうした図書館員たちの間に入り、また、児童図書館員というものが、どういう教育をされるかということを見るために、図書館学校の講義の傍聴もいたしました。すると、その人たちの子どもと実物の本に照らしての話が、まことに納得がゆく。なるほど、子どもにはどういう本がおもしろくて、よいかということは、長い間の子どもの反応に聞いて、おとなはおとなとしての分析をしなくてはならないんだなと思いました。

そしてまた、そういう勉強をするいっぽう、日本を出る時、持っていきました日本のお話の本を、夜一人の部屋で読んでみました。すると、それは、もやもやした世界に分けいっていくようで、私にはなにがなんだか、自分に説明のしようもないのです。じっさい、日本の子どものためのお話は、だれを目あてに書いているのか、だれに喜んで読んでもらうためのものか、そういうことが、雲をつかむように不安定に思えてしまったのです。外国人の話なら、納得でき、日本の話はわからないというのは、まったく不幸なことに思えましたが、これが事実でした。

さて、外国での一年の勉強をおえて帰ってきますと、外国の下宿で、夜一人、日本の本を読んだときと、同じ状態が、私を待っていたわけです。ここでは、外国ではこうやっているという理くつは通りません。日本人と外国人とはちがうんだといわれれば、それまでです。

では、いったい、どうしたらいいかということになりますが、その時も、外国の図書館員がくれぐれも私に言ってくれたことは——子どもの文学の問題では、常にじっさいの子どもと相対さなければいけない。子どもに話したり、読んでやったり、子どもが読むところを見なくちゃいけないということばが、私の心をはなれませんでした。

そこで、私はもう本屋さんに勤めることはやめにしまして、東北の村の子どもたちに本を読んでやるということを始めました。まず一週間に一度か二度ずつ、ある小学校の五年生、三十人の子どもに、本を読んでやりました。はじめは、その子どもたちに自分で読んでもらおうとしたのですが、その子どもたちが、たいへん活字に弱かったんです。その子たちが、自分では何を読めるかというと、漫画です。漫画だと、読むというんですか、見るというんですか、楽しむことができます。けれども、私がその時、その子どもたちに読んでもらいたいと思うような本は、読むことができませんでした。でも絵本ですと、漫画でないものでも、大変おもしろがりました。で、結局のところ、私が声にだして本を読んでやることになりました。

最初のうちは、五分であきてしまう子が、たくさんいました。それは漫画のように、面白い絵も出てまいりませんし、チャンチャンバラバラも出てこないわけです。ところが、だんだんやっておりますうちに、十分の話を聞くことができるようになり、二十分の話を聞くことができるようになり、とうとうその子どもたちが六年生で卒業するころには、二時間の話を聞くことができるようになったんです。二時間以上、もっと聞いたかもしれませんが、それが、私に許された最長の時間だったのです。その二時間の話というのは、トルストイの「民話」だったと思います。とにかく、非常に高度なこと、愛情とか神とかいうことが書いてあるんですね。そういうことでも、その子どもが、なぜ二時間以上自分たちから望んで聞くことができたか、はっきりわかるかといいますと、最初、一時間で私に許された時間がなくなって、これで今週はおしまい、続きは今度、と言いましたところ、その子どもたちが承知をしないで、放課後にもう一時間勉強するから、続きの時間に読んでくれということになったんです。それで、私はとうとう、声をからしながら、二時間目もそのお話の続きを読んでしまったわけなんですが、もしそのトルストイの「民話」を、本でそのクラスに放り出しておいたら、自分から手を出して読む子は、一人もいなかったのだなと考えると、その子たちのために本当に気のどくな気がしました。

もちろん、二年間、その子どもたちとつき合っています間に、かなりたくさんの話を読みました。「西遊記」とか「宝島」とか、そういう話も、つづき物にして読みました。そして、たいへん残念なことですが、その子どもたちをひきつけた話は、ほとんど外国のものだという発見もしました。日本の創作物では、それほどあとを引いて聞こうとしたお話はなかったわけです。そうしますと、日本の子どもも外国の子どもも、物のうけとり方や頭の働きは、ほとんど同じと考えていいのじゃないかなと私は考えはじめました。

さて、その子どもたちが小学校を卒業しましたのを機に、今度は東京の私の家で、小さな子ども図書室をつくりました。村の子どもたちは一つクラスで、同じ年齢だという不便がありました。そこで、もう少し幅広く、小さい子も大きい子も来られるようなところで、子どもと本との交渉を見てみたいと思ったわけです。それで、村の子どもたちとわかれて、東京の試みをはじめました。

村の子どもたちのことで、ちょっと横道にそれたお話をいたしますと、その子どもたちが中学に入って一学期してから、私は、もう一どそのクラスを参観にいったことがあります。

すると、その子どもたちは、このごろではなんという名前で呼ばれるんでしょうか、昔は理科とか博物とかいわれた授業をしておりました。そして、一学期中の復習をしているところだったんですが、私は見ているに耐えないような苦しげな授業だったのです。

私は見ていて、子どもたちが答えられないのは、もっともだと思ってしまいました。小学校の間に、活字のつまっている本は、ほとんど読んでいない。新聞も全部の家が取っていますかどうですか。そういうふうな環境で、学校で一どか二どめぐりあったような漢字は、子どもたちの頭には、なかなかしまいこまれません。課外の読書で、どんどん繰り返して出あっていますと、その文字は、子どもたちの頭のなかにはいりこんで、道具として自由自在に使いこなせますが、一度か二度めぐり合っただけでは、けっして身につくものではないわけですね。そして、中学にはいりますと、みるみる学科がふえるわけなんです。子どもの頭は、てんてこ舞してしまいます。

私が見ました授業は、樹木についてでした。そうして、先生が針葉樹・闊葉樹について質問していらっしゃいました。ところが、そういう名まえが、教科書には「カツヨウジュ」「シンヨウジュ」と片かなで出てくるわけなんです。それでシンヨウジュは、どういう木かということを、一人も答えることができない。それは私にはもっともに思えたんです。シンヨウジュということばを聞いた時、私たちおとなが頭に浮かべるのは、針の葉の木という字です。そして、すぐ私たちは、松だの杉だのを思いうかべます。

ところが、その子どもたちは、いったい針という字に、それまで何度お目にかかったのでしょうか。闊なんていう字は、たしかに見たこともなかったでしょう。とすれば、カツヨウジュと書いて、葉っぱのひろい木を頭にうかべさせようとしても、むりだということにならないでしょうか。

それで、その子たちは、シンヨウジュ、カツヨウジュということばを、ただ音の連続として、そらで覚えなければならなかったのです。子どもたちは、もうその一時間を苦心惨憺し、先生も汗をながされました。こうして授業が済みますと、先生は、ほんとうにこんなにわかってなかったとは思いませんでしたと、私のところに来ておっしゃいましたけれど、私は、まったく同情にたえませんでした。そして、子どもは子どもで、私に、「英語のほうがやさしいや」というんです。おそらくそれは本音だったんじゃないかと思います。「I」という字は「私」だよということを習い、それを納得しますと、英語の方がもっと早く頭に入ってきたんじゃないでしょうか。ともかく、小さいうちに、文字というものを、さっさと生活の中にとりこんでおかなかった子は、これからもいろいろなところで苦労しなければならないだろうなあと、私は暗い気もちになったのでございます。

まあ、ここまでは横道でございます。これから、東京の方の子ども図書室のようすをお話ししようと思います。

この図書室は、「かつら文庫」という名まえにしましたが、ひらいてから七年、いままでは、土曜日、日曜日に、近所の子どもたちが、大勢本を読みにまいります。最初は小学校の一年生から六年生までということを考えてはじめたんですが、いまでは、三歳から高校生まで約百七十人ぐらい、会員になっております。こういう子どもは、大部分が、友だちにさそわれたり、きょうだいにつれてこられたりして、のん気に本を読みに来ている子どもでございます。

こういう子どもたちに、私たちは、感想文を書いてもらうわけでもなく、また、こちらから感想を聞きだすこともしません。私といっしょに、二人の若い方が手伝ってくださっていますけれども、子どもたちは、その人たちともとても仲よくなって、自分たちの好きな本をとり出しては、二週間ずつの期限で借りていきます。そして戻すときに、おもしろい本ですと、必ずなにかもらします。「こういうの、もっとない？」とか、「これ、つづきあるといいな」などといいます。こういう受けとり方が、私が、理論として外国の図書館学校で学んだことと、じつによく合致するのですね。

この経験から、私はいよいよ、子どもは、どこの国の子どもも、おなじような要素をもっているし、また子どもは、おとなとは、ちがった感じ方や物の見方をもっているんだということを考えるようになりました。そこをつかまないと、子どものためのいい本ができないし、子どもにすきになってもらえる本ができない。

このような考えから、私たちは、「かつら文庫」にくる子どもたちを観察する一方、子どもの頭の構造は、どんなふうになっているのだろうかということにも、ずいぶん興味をもやします。

こういう私たちに、たいへん勉強になったのは、時実利彦《ときざねとしひこ》先生の『脳の話』（岩波新書）でした。それから、やはり時実先生のお書きになりました、雑誌『自由』四月号の「子どもの教育と脳の発達」は、いっそうわかりやすく、興味シンシンでございました。

いったい、子どもの物の考え方や発達のことに興味をもちますと、人類そのものの発達にも関係してまいりますから、私は、ある時、ある生物学の先生に、人間は、いつごろから、身心ともにいまの状態になったのでしょうか、一万年前くらいからですかと聞きますと、いや、まだまだ前からだという御返事でした。二万年ですかと聞きますと、いや、まだまだといわれた時は、正直にいって、ショックをうけました。というのは、十万年前に裸で暮らしていた私たちの祖先と私たちが、殆んど変りがないとすると、もしそのころの赤ん坊を、いまの世の中につれてくることができたら、その子は、私たちとおなじように育つ可能性を、事実、もっていたということになるからです。

ところが、現実には、二千年前の人間といまの人間は、ずいぶんちがったことを考えていますし、二千年前の子どもといまの子どももちがっているでしょう。これを見ると、人間の脳髄は、十万年前といまとちがわないのに、その人間がおかれた情況によって、その発達は、ある点でとまってしまったり、またはどんどん育つこともあり得るということを示しているではありませんか。

では、子どもの脳は、どんな育ち方をするものか、時実先生のご本を種本にしてお話してみますと、生まれたばかりの子どもの脳髄の重さは、猿と同じ四百CCぐらいなんだそうでございます。それから三ヵ月になると、七十万年前に住んでおりました、南アフリカから発掘されましたオーストラロピテクスという原人と同じくらいの重さになる。それから生まれて六ヵ月になりますと、生まれたときの二倍の重さになる。十一ヵ月になりますと、五十万年前に住んでいたと言われるジャワ原人と同じ大きさになる。三歳になりますと、北京原人と同じ重さになる。十歳になりますとネアンデルタールと同じになる。これは、おとなの脳の重さの九十パーセントで、このあとは、ゆっくり発達して、おとなになるのだそうです。

脳の重さからいうと、こういう順序ですが、では、いったい、脳の中でも、どこが重くなっていくのかというと、大脳なんだそうでございます。生まれたときから、本能的なものを司どる小脳の大きさは、ほとんどかわりません。いったい動物と人間と、どこが違うかといいますと、大脳がおもな違いなんだそうでございます。しかし、人間の子どもも、生まれたばかりには、まず小脳が働き出す。それがお乳をのんだり、おなかがへれば泣いたりするという、本能的なことを司どるものだということは、いまお話ししました。それから大脳の皮質――大脳にかぶさっている皮が、だんだんに発達し出します。そうして三歳になると、猛烈な勢いで、どんどん高等な働きがはじまる。四百CCの脳髄が、おとなになれば千四百CCになるといいましたが、いったい脳のどこがふえてくるのかといいますと、おもしろいことには、人間の脳の細胞の数は、生まれた時とちっとも違わないんだそうでございます。人間の子どもは、百四十億の脳細胞は、生まれたときから持っている。これが脳をおおううすい膜です。では、何がふえてくるかというと、皮の中に、突起ができ、繊維状の枝が出てくるのだそうです。そうして、この枝がどんどんふえてきて、からみ合う。そのからみ合いが正常なほど知能がよく働き、性格的には素直なんだそうでございます。そのからみ合いが、もうれつにはじまるのが三歳です。

こうして、三歳から十歳までに、人間は、ほんとうに大切な時期をもつのですが、このことを、私たち、どれだけふかく考えているでしょうか。

さて、こうして、生物学や生理学の先生のご本から学んだことを含めて、私は、それをみな子どもの本に結びつけて考えるわけですが、いまお話ししたようなことは、子どもの本に結びつけると、幼い子どもは、なぜこういう本をおもしろがり、もう少し大きい子は、こういう本をおもしろがるか、いちいちうなずけて、たいへんおもしろいのでございます。

二、三歳の子どもは、ほとんど本能的な生き方をし、たいへん感覚的に物を見ていると思います。また、そのころの子どもは、たいへん視感が鋭うございます。

このごろでは、自動車をたくさん見るチャンスのある幼い子は、表に通っている自動車の型を、片っ端から覚えてしまいます。二歳ぐらいの子どもが、「あれは、ベンツ、あれはフォード」などとやります。そこで、この子は天才かな、と思ってしまう親もいますが、ほんとは、そうじゃないんですね。そういう、視感的に、小さなちがいをパッとつかんでしまう、もって生まれた能力が、子どものなかにあって、それは年とともにだんだん鈍っていくんだろうと思います。そして、子どもは、こうして視感的にとらえたものを、だんだん蓄積していって、年のたつうちにその物のあいだの共通点をのみこみ、やがては抽象観念としてもつことができるようになる。でも、ごく幼い子どもたちには、まだまだ抽象的な観念はありません。毎日々々、目の前にあらわれるものが、新しい発見です。よく子どもたちとつき合っていますと、昨日わからなかったことが、今日は、もうわかるので驚いてしまうことがあります。

そして、やがて、六歳になると、学校にはいって、本式に本の——文字の世界にはいってゆくことになります。こういうことは、今日では、日常のできごとになってしまって、私たちはごくあたりまえのことと思い、ふかくも考えなくなりがちですが、ほんとうはたいへんなことなんですね。私たちの祖先——十万年前の裸の祖先、いえそのまえの祖先からはじまって、そういう人たちの努力の積み重ねが、今日のような、文字のある世界になっているんです。

では、こういう子どもたちには、どういうお話がおもしろいかといえば、視覚的に頭の中に組みたてられるお話でなければだめなんでございます。

私たちは、子どもたちの受けとり方を知るために、文庫でもよく声にだして本を読んでやりますが、そうしますと、いちばん子どもたち——いろんな子どもたちを幅広くひきつけるお話は昔話なんですね。昔話が、それほど力があるということを、私は、子どもにじかにあたってみるまでは、夢にも考えてみなかったんです。いまの世の中には、昔話というものは古くさいもので、現代の子どもには用のないものであるかのように言う人も、たくさんあります。私は、それほどには思いませんでしたが、昔話の力が、これほど大きいことは、子どもを前にして話してやるまではわかりませんでした。

では、昔話は、いまお話した、子どもの脳の働きと、どんな関係があるでしょうか。皆さん、昔話というものを、とくとしらべてごらんになったことがあるでしょうか。昔話というのは非常に素朴なもので、高等な心理などにはまだはいりこめない子どもたちにも、たいへんよくわかる手段で語られております。

昔話は、古い時代に自然発生的にできたもので、それを生んで、育ててきた人たちは、文字を知らない人たちです。そういうふうな人たちは、物の考え方が、いまの小学校へ行く前の子どもに、非常によく似ていたんじゃないかと思うのですね。では、それはどういう考え方かというと、具体的で、抽象的ではないということなんです。

いったい、抽象観念というものは、社会に文字が普及してから、私たちの間に非常にふえたものなので、昔の庶民のあいだには、たいへん少なかった。けれども、その人たちも物も考え、お話をたのしむことはした。しかし、そのお話は、具体的な事件の積み重ねでないと、理解しにくかった、その物の考え方が、いまの幼い子どもにぴったりなんですね。

ではどういうふうな順序で昔話が語られていますかといいますと、「昔々、おじいさんとおばあさんがありました。おじいさんは山へ柴刈りに行って、おばあさんは川に洗濯に行きました」という調子です。このように、最初のセンテンスで、時と場所と主人公が紹介されてしまいます。そうしてその主人公は、第二の文章に入りますと、すぐ動きはじめます。「おじいさんは山へ柴刈りに行って、おばあさんは川に洗濯に行きました。」

こういう話を聞いていて、子どもたちの頭のなかでなにが行なわれているかといいますと、語られることは、全部、子どもたちの頭のなかに絵になってあらわれてまいります。それから、「おばあさんが洗濯しておりますと、川上から桃がドンブリコドンブリコと流れてきました。」もう全部これも絵になります。そして、一ばん大本の本筋だけで、よけいな修飾はありません。たとえば、おばあさんは非常にくたびれて腰が痛くなったとか、そういうふうな細かいことは、なに一つついていません。おばあさんが洗濯していると、桃が流れてきたので、おばあさんがそれをひろって、というふうな骨組みだけのような、単純な順序で運ばれます。

ところが、そういうかんたんな話は、つくるのにやさしいかというと、たいへんむずかしいのですね。そういう、いらないひらひらのついてない絵で表わすことになりますと、絵はどんどん移らないと——絵がたちどまってしまうと、聞き手の思考もたちどまり、聞き手はたいくつします。

こういうように、太い線の絵だけで、物事をどんどん動かしながら、愛情の物語だの、正義の物語だのを語らなければならないとなると、たいへんむずかしいのですが、昔の文字のない芸術家たちは、それをりっぱになしとげていってしまっているのですね。たとえば、親と子が別れ別れになっていて、万難を排して、子どもが親に会いに行ったという形で物語ったり、よくばりじいさんが、ひとの物をとろうとして、失敗したというような話にして、子どもはそれを喜んできききました。こういう話は、いまの小学校一、二年の子どもにも、ぴったりあてはまる話です。ただ、いまの子どもと昔の人とちがうところは、いまの子どもが、こういう具体的なことだけの物の考え方から、どんどん卒業して、先の世界へはいっていくということですね。それは、かれらのまわりの社会が、昔の社会とは、すっかりちがっているからです。けれども、日本で、いまつくられる子どものための創作物が、まだまだ子どもたちにのみこみにくいというのは、この子どもが育ってくる時期の物の考え方を、私たちおとなが、まだ十分つかんでいないで、やたらに心理的なことをもちこんだり、絵をたちどまらせたりしたことからくるのだと思います。

きょうは、どういう文章が、子どもの心の中にはいりにくくて、どういうのが、はいりやすいという実例をもってまいりませんでしたけれども、みなさん、これから、子どものお話をお読みになる時、どれくらいの部分が、目に見える材料で書かれているか、どれくらいが心理描写か、またはどれくらいその部分の人物が行動しているか、どれくらいが情景描写かということに気をつけていただきたいと思います。そして、具体的であり、動いているところの多い方が、ずっとつよく子どもたちに理解でき、訴え方もつよいと見てくださって、まちがいないと思うのです。

それからもう少し子どもが複雑な頭を持つようになり、また年も上になってきますと、その子は、昔話ほど素朴でない、複雑な創作物も読めるようになります。そして人物が大勢出てきたり、その人物のからみ合いがかなり複雑になったりしていても、それについてゆくことができるようになります。

私は子どものための創作物と昔話のいちばん大きな違いはどういうことかと、よく考えるのですけれども、たとえばアンデルセンのお話とグリムの採集した昔話のあいだには、どれだけの違いがあるかということです。片方のグリムのお話では、あくまでも、さっきお話しいたしましたような、「ある王様のところに美しいお姫様がありました。そのお姫様は非常に美しくて、太陽さえもお姫様をほめたたえたほどでした。」というようにはじまるわけですね。ところが、アンデルセンになると、大分、ようすが変ってきます。具体的なことをいいながらも、非常に陰影がついてくる。出てくる人物も、美しいとか、意地悪とかだけではなくなってくる。つまり、あるタイプではなく、その人物に奥ゆきと性格がでてきます。そこが、昔話と近代的な創作物とのちがいではないかと思います。

こうして新しくつくられる創作物のなかには、性格が出てまいりまして、事件そのものよりも、その性格の摩擦によって事件も生まれてくる。こういうお話が、どのくらいの子どもに、理解できるかというと、かなり年上、三、四年から、もっと上でないとわからない。ところが、こういう方法を、私たち日本のお話をつくる者たちは、もっと年下の子どもにほどこしてしまう。

このごろの子どもは、小さいうちから、とてもなまいきなことをいいます。ですから、よくいろんなことがわかっているんだと思うと、失敗いたします。私たちも、「かつら文庫」で、子どもたちと話していて、とんでもないことが子どもたちにわからないのだということを発見して、びっくりすることがあります。

ある時、こんなことがありました。岩波少年文庫に『ツバメ号とアマゾン号』というお話があって、いまは一冊の大型本にもなっていますが、三年ばかり前には、上下二冊になっていました。ある時、たいへんよく本が読める子どもが、なにか船の出てくるお話がほしいと言うのですね。そこで、私たちは『ツバメ号とアマゾン号』をあなたに読ませたいけれども、少しむずかしくて、残念だという話をしました。すると、その子は、私たちにかくれて、その本を借りていったんです。そしてその次に返しにきまして「むずかしくてだめだったよ」と言うんです。「下」だからやさしいかと思って、「下」を借りていったら、だめだったよと言うんですね（笑）。「下」というのは下級生でも読めるかと思ったと言うのです（笑）。子どもたちは、ほんとうにテレビを見たりして、むずかしいことを申しますけれど、いろんなことがまだわかっていないんだなと、びっくりしました。

もう一つ、ある二年生が、おなじ年ごろの子どもの書いた作文集を、たいへんおもしろがって読んだことがありました。それで私が、「これはあなたと同じぐらいの子が書いたのよ。」と言いましたら、その子は目を丸くして、「その子、こんなに上手に字が書けたの？」と言うのです。その活字を、全部その子が書いたと思っていたんですね。そのくらい、子どもたちのまわりには、まだわからないことが、いっぱいあるわけなんです。そこで、子どもたちによくわかってもらい、おもしろがってもらうためには、過去の子どもが、理解し、おもしろがった本をよく読み、そして、今日の子どもと本をつきあわせてみることが、ぜひ必要になってくると思います。

これで九年、子どもたちといっしょに本を読んできまして、考えましたことは、世界の子どもは、共通な精神の構造を持っていて、外国の子どもも日本の子どもも、おなじ本にはおなじような反応を示すものだということ、どこの子どもも三、四歳では、ごくかんたんな、動く絵だけで組みたてられているお話をこのみ、もう少し大きくなると、大分長い、しかし、やはり具体的なお話を読むようになり、それより大きくなると、陰影のついた創作物やノン・フィクションに入っていくということでございます。そして、動く絵で語られるお話を聞くことは、思考の基礎をつくることであり、子どもは、複雑なお話を聞く前に、この門から入っていかなければならないということです。

そして、それは、もう三、四歳からはじめることができます。脳の活動は、もうそのころから猛烈にはじまっているのですから。考えることは、文字を知るずっとまえから、はじまっているのです。

いまはテレビとかラジオとかが普及していますから、こういう時代の子どもは、もうお話なんか聞かないかと思うと、そうではないのですね。すまないほどよく聞いてくれます。そして、話を聞かせながら、絵本ややさしい本をそばにおいておいてやると、大体の子どもが、さっさと本のほうにはいっていきます。ただし、その本は、さっきお話ししたような、具体的な、すじ道の通っているお話の本でなくてはなりませんが。こうして、子どもの成長に即した方法で、子どもを考えるように、よりよく感じ、またそれから読書へと導いていってやるのが、私たちおとなのつとめではないでしょうか。そして、私がさっきお話ししいたしましたような農村の子どもたち、中学に入ってから、にっちもさっちもいかない壁にぶつかる子どもがないように、せっかく高等な頭の働きを持っている人間の子どもたちに、それを妨げているような環境を与えることのないように、私たちはつとめなくてはいけないと思います。

私は、どんなに進歩した時代がまいりましても、文字というものはなくならないと思います。いまは、もう活字文化は衰頽の道をたどりつつあると言うような人たちもあります。もうあとは、音はテープレコーダーで聞けばいいし、ラジオやテレビの、つまりイメージの文化であるということをおっしゃる方々がありますけれども、そういうことからは、けっして豊富な抽象観念は生まれてこないと思います。そして、抽象的なことを考える能力なしに、近代生活は、のりきれないと思うのです。そうしないと私たちは、せっかく使った電子計算機に使われることになってしまう。そうでなく電子計算機を使いこなして、そして人間らしい生活をしていくためには、どうしても子どもには、子どもらしい世界をフルにたのしみながら、むりのない道筋をたどっていって、どんどん高等な本まで読みこなせるようになってもらいたいと思います。そういう道筋をさぐりあて、それを用意しておいてやるのが、私たちの役目ではないのかしらと思います。

子どもが本を読んで得る利益は、私、二通りにあると思います。一つは将来大人になって、立派な大人としての役目を果せるようになるということ。もう一つは、育ってゆくそれぞれの段階で——空想のたくましい時は、空想の世界をたのしみ、その時代をすぎて実証的に考えるようになれば、その世界を十分にたのしみ、考えるというように、智情意の力をふとらせながら、大きくなるということです。そして、このそれぞれの段階でその子なりに考え、たのしむということが、結局はおとなになってからのためにも大事なんだということは、先ほどお話ししました時実先生のお説の脳の中のからみ合いのことを思いだして下されば、恐ろしいほどよくわかって下さると思います。

こういうわけで、私は、ひいては、その人の一生にひびいてくる子どもの読書生活というものを、たいへんだいじなものと考えるわけでございます。そのためには、それぞれの親、それぞれの作家、それぞれの出版社が、べつべつのところで考えているよりも、やはり社会的な国家的なしくみで、本が子どもに供給される公共図書館というようなものが、日本にももっともっと整備され、子どもにも開放されることが、目下の急務なのではないかと思います。そうした息のながい、公共的な施設ができますと、子どもの本の上に、どんないいことがおこるかということは、これまでのところで申しあげました。でも、まだ、みなさんがお気づきになっていないかもしれないのは、いま日本にとうとうと流れこんできております外国の名作物、または創作は、ほとんどみな、外国の図書館で、時と子どもの無意識な選択というふるいをかけられてきた作品か、見識ある図書館員によって選ばれたものだということでございます。そういういみでは日本の子どもも、外国の図書館の恩恵をこうむっているといっていいかもしれません。日本に来て、そのような作品が、おとなの無知から、子どもにわかりにくいように再話されたり、ダイジェストされたりしてる例はたくさんありますけれども。

そこで、私の今日の話の結論は、日本にも少しでも早く、子どもの心の状態をふまえた上でのお話を書ける情況、また、それはべつの面からいいますと、子どもが心から喜んで読める文学の生まれる情況をもちきたしたいということでございます。それには、ある程度、時がかかり、辛抱も必要だと思いますけれど、これは、そう数字や計算では出てこないかも知れませんが、子どもが精神的にゆたかに育つかどうかということは一つの国の幸福にかかわる問題じゃないかと思います。

今日、ここに来られました方々が、そのことを念頭においてくださいまして、それそれのところで、こういう情況の招来に骨折ってくださいますよう、おねがいいたします。

子どもと文学――ファンタジーの特質

瀬田貞二

きょうはこの前、石井桃子さんが子どもと文学との関係について、ごく一般的にお話をされたそのあとを受けまして、さきのお話が概論としますれば、いわば各論というところで、少しく専門的ではありますが、ファンタジーという児童文学の一領域について、お話ししてみようと思います。

ところで、この前のお話をうかがっておりますと、昔話というものが、小さい子どもの心の働きにそい、また精神の成長にとって非常に大切である。さらにそのさき子どもの読書に、ファンタジーが非常に大切ではないか、そういう文学を子どもとしての段階で通っておきますと、のちに大きくなって、その人がひとの心をよく理解できたり、ものの奥底にひそむかくれた真実というものを、正しくつかんだりするような能力が、ごく自然につちかわれるのではないか――こういうお話をなさったように思います。私のお話は、そのファンタジーという特別な領域に限りまして、その領域が子どもの読書にどういう意義があるのかという点を、具体的に申しあげたいというわけです。

ファンタジーという言葉を、空想物語と申してもよろしいのですが、わが国ではその空想というものの質について、考えがすこぶるまちまちである。それを言いだすとごたごたしますから、ファンタジーと対照的な物語がどんなものかを考えてみることにいたします。それは、リアリスティックな物語のことで、私たちの日常の現実生活にごく似た世界を形づくりまして、いわば私たちの体験の延長といえるような、リアリスティックな舞台を与えて、そこに私たちの誰彼にごく似た人物を配し、私たちの生活にもひょっとしたら起るかもしれないような事件をくりひろげますと、それは例えば『ハイジ』（スピリ）であるとか、『四人の姉妹』（オールコット）であるとか、『あらしの前』『あらしのあと』（ドラ・ド・ヨング）であるとかいうような小説、あるいは『ツバメ号とアマゾン号』（ランサム）や『ふくろ小路一番地』（ガーネット）のような物語になります。こういうものは、私たちの経験を物差しにして、ある程度そっくり、縮尺や拡大を使わずに、同じ次元でさし測ることのできるリアリスティックな物語です。ところがそういう物語と反対に、私たちの日常の道理や現実感を尺度にしては通用しない、作者が勝手に頭の中で空想してつくりあげたふしぎな物語が子どもの文学にはたくさんあります。そこでは、ある人物にとほうもない魔法の力が与えられたり、現実にいそうもない人たちの世界につれこまれたりします。そういう、実際にはおこるはずのない、非現実の、想像世界の物語、それをファンタジーと私たちは言っておきたいと思います。

ファンタジーという文学の一領域は、もちろん児童文学だけの縄張りではなくて、大人の世界にも古くからあることで、むしろ昔の方が大人の文学では本道を誇っていたかと思われます。ホメロスの世界などは、なんといっても大がかりなファンタジーの一つで、オデュッセイアでは、ギリシア神話の舞台とおなじようなふしぎな登場人物がそのまま英雄たちの前にあらわれて、ふしぎな事件を起します。また中世の終りにはダンテの『神曲』があらわれ、十八世紀にも『ガリヴァー旅行記』(スウィフト)のようなりっぱなファンタジーが生まれております。このように、想像的な文学は大人の興味をつないでいたのですけれども、その後に、いわゆる理性の時代がまいりまして、それから科学思想と科学的知識が急激に発達し、社会の仕組みが非常に複雑になってくるにつれまして、大人の世界では、リアルな世界を支配する法則からはずれたものは、みなまちがいだということに傾いていきまして、虚構荒唐な作り話などは百害あって一利なしということになり、昔話を信じなくなりました。文学の上でもリアリスティックな小説が主権をにぎってしまいます。

ところが、大人が空想の産物をすてた時に、子どもがそれをそっくり頂戴《ちょうだい》いたしました。むかし大人たちが喜んできいた昔話がふるい落されようとする時代に、グリム兄弟のような先覚者が、古代研究、民俗採集のためにそれを保存し、それを今度は世界中の子どもが自分たちの財産にしてしまうということがおこります。ガリヴァーの物語も、諷刺や皮肉のようなむずかしいところをはぶいて、自分たちに楽しめる純粋に空想的な面白さを中心にある程度裁断して、子どもたちが自分たちにいただいてしまいます。子どものためのファンタジーというものが意識的に書かれないうちから、子どもたちは大人のものの落穂拾《おちぼひろ》いをせっせとやっておりましたわけです。

では、なぜ大人が空想を排して道理一点張りになってしまったのに、子どもがかえってファンタジーを喜んで拾いあげたかと申しますと、子どもには、持ち前の空想力、想像力というものが大変新鮮強力であって、それが子どものおどろくほどの成長力のみなもとになっているふしがあります。よく地上に出た木の芽、草の芽をみますと、のびていくいちばん先端のところがふくらんで赤らんでいます。ちょうどあんな具合に、子どもたちは、たえず成長していくきっかけに「なぜ？　どうして？」と問いつづけますが、あのふしぎの感情というか、驚異の念といいますか、あのはつらつとした好奇心は、子どもの成長の発芽点にあたるような気がします。そして、そのふしぎの感と表裏をなして、地下の水を吸いあげたり、日光を緑の要素に変えたりするような本質的な力として、想像力があるのだろうと思うのですが、小さい子どもの想像力は神秘的でさえあります。一つの木片を手にして、自在に、それを馬にしたり飛行機にしたり、さては武器に変えたりするところは、私たち大人からみると、タンゲイすべからずです。それは、一つの窓からもう一つの窓へ移るようにたやすくて、日常の生活から一転、ありそうもない世界へ移し変わるのに、渋滞がありません。大人のように理屈を言って、変身ができないのとちがいまして、非現実と現実の間を出たりはいったりする子どもたちの頭の中は、こちらから考えると、それ自体魔術のようにさえ思われます。

大人たちは、大人中心の世界からこれをながめて、それを未熟な状態と、子どもくさいと思いますが、大人本位の立場をはずしていえば、子どもの空想癖、子どもの想像力は、大人の失って持たない、固有の宝ものにほかなりません。けれども大人たちのなかにも、たまたま、子どもの新鮮強力な想像力というものを年とともに失わずに、ますますいきいきと保持している人たちがいることも否定できません。その人たちを、私たちは詩人と呼んでいいでしょうけれども、そのなかで子どもの心が手にとるようにわかって、子どものために物語を書きまして、それがファンタジーの形式をとったために、子ども固有の文学の古典的な基礎をきずいた人がまず二人、出てまいりました。その一人は、ハンス・クリスチャン・アンデルセン、もう一人はルイス・キャロルです。

アンデルセンは、はじめ一八三五年に、民話種のストーリーを書きましたが、本来のストーリーテラーの才能によって、自分の中の空想力をひき出していきまして、次第に独自の深みのある美しい童話を作りました。それは、森の梢の上の一番星や、木の葉の戦《そよ》ぎや、冬のおじいさんや雀たちや、さては親指姫やすずの兵隊たちで、自然と人間のドラマの象徴的な絵姿といった風情の物語をくみたてたものですけれども、アンデルセンは、彼が出てきた民話の苗床を忘れずに、昔話と彼独自の空想とをいつも渾然とさせておりました。アンデルセンがはじめてファンタジーを書くことになった事情には、きっと時代の勢いがあったことでしょう。グリム兄弟がはじめて昔話に着目して、その第一集を作ったのが一八一二年のこと、そのグリムに刺戟を与えたのは、ドイツロマン派の運動があって、……というふうに、もう出るべくして出る情勢はととのっていたわけなのです。

アンデルセンよりもっと大きな、とびぬけた独創を示したのが、ルイス・キャロルです。この人が一八六五年（いまから百年前！）に出した『ふしぎの国のアリス』という本は、まったく純粋な空想からだけでできている空前のファンタジーになりました。チョッキをきた兎が、懐中時計を見ながらかけてくる冒頭からはじまって、アリスの夢がさめるまで、つぎからつぎへと、ふしぎな人物やふしぎな事件が万華鏡のようにかけめぐります。ふつうでは思いつかないほどのふしぎの連続で、つまりこの一作によって、ナンセンスというものが正式に文学の値打ちのなかに登録されることにもなります。なにしろ、作品の内容が、あまり突飛《とっぴ》で、わるくすれば珍奇な空想の博物館のようになるところですが、読みおわって私たちは一つの脈絡を感じます。ある人は、夢を手段とし、トランプ遊びをモチーフにした作品だといいますし、ある人は、不条理の条理という新しい哲理に支配されていると考えます。いったいセンスというものは、私たち人間が日常営々と築きあげた、理くつでこり固めた世界、五官で触知する外界というものでしょう。とにかく、世にはじめて誕生したこの新しいナンセンスというものは、一度常識の埒《らち》をこっぱみじんにくだいた上で、非現実の現実というべき別次元の感覚を組み立ててみせたと申してよろしいでしょう。これをべつな見方からしますれば、大人の自己中心のせまい日常経験的なとらわれ方をたち切って、子どものとらわれない自由な内面というものにはじめて近づいたことになるのです。ルイス・キャロルという人は、実際には数学の先生で、この人がもともと大した想像力の持主だったにちがいありませんけれども、同僚のおじょうさん三人をつれてテームズ川へボート遊びにいった時にこの話を話しはじめたといいますから、かわいらしい女の子を三人も眼の前において、草の上に寝そべりながらお話しする時の気分を考えますと、現実に子どもの精のような子どもたちと対して興が乗ったり、同感がいきわたったりして、空想力が刺戟され、話に輪がかかったことと思われます。

こういうものがいきなりこの世の中に現われまして、子どもの世界を子ども固有の物語の面白さというもので賑やかに彩ってみせますと、それにつれてだんだんにファンタジーというものの価値が認められて、たくさんの作家がそれに続くようになったわけです。ところで、ちょっと申しそえますが、アリスにもその後のファンタジーの名作にも、共通してファンタジー固有の文法があると思うのです。ファンタジーの描くものは、私たちの経験からかけ離れたふしぎですけれども、その世界がどんなに日常世界とちがっていても、その世界なりの実体感がなくてはならない。眼で見える真実らしさがなければいけない。読者が納得してその特別な世界を全体的に感ずるはっきりしたまとまりがなくてはこまります。ファンタジーという言葉からして、もとのギリシア語が、「眼に見えるようにすること」という意味だそうで、アリスのふしぎの国がどんなにふしぎでも、私たちがこれを読んでみますと全部の絵が一枚一枚くっきり頭の中に描かれるように書かれております。その例を一つ申しますと、あそこにチェシャー猫というおかしな猫が出てまいります。幻のように突然現われてきて、ニヤニヤ笑って、すっと突然消えてゆきます。あのイメージというものはまことに鮮明で、あのふしぎな世界の一部を埋めている。信じられない世界を眼で見られるようにしております。そして、全体が夢なのですから、夢の残像の効果に一役買って、話全体の効果をあげています。架空世界がそのものとして具体的に間然するところなく描かれてなけりゃなりません。いわば、ファンタジーは、リアリティをもってはじめて成り立つということになります。

ところでルイス・キャロルののちに、イギリスではりっぱなファンタジーが次々に書かれまして、ファンタジーがすっかり根をおろしました。その一つに、『北風のうしろの国』（一八七一年）という物語があります。この物語を書いたジョージ・マクドナルドという人は、ルイス・キャロルの友だちで、イギリス国教派の牧師さんですが、とても変った人で、非常に熱烈純粋な哲学を考えあげまして、説教などをしませんで、神秘的な詩を書いて有名な人でありますが、この人が子どものために三冊ほどファンタジーを書いて、そのどれもがやはり宗教的神秘的な味わいがこくて、その方面でファンタジーの領域を拡げました。三冊のうち二冊は、地の底に住むおそろしい小人の国へ、王女と羊飼の少年がいく話で、比較的やさしくて面白くて、小人の国の描写などは、ぞっとするような美しさをもっております（『お姫さまとゴブリンの物語』『カーディとお姫さまの物語』）。主著に当たる『北風のうしろの国』というのは、ロンドンの辻馬車屋のダイヤモンドという男の子の物語で、この子が北風（神秘的な女の人になって登場します）につれられて、ふしぎな国を垣間見《かいまみ》、北風とこの世における大問題のかずかずを問答して、日常の世界をのりこえた霊的な世界にみちびかれてまいります。この少年が北風の導きで、魂のちえをとぎすましていくあいだに、少年の家族の生活、ロンドンの町で出あうさまざまな人々との交渉が織りなされまして、人生の問題をますます深めていくことになります。マクドナルドの作品を読みますと、これは作者の深い思索が、ファンタジーという装いを得て、子どもたちに面白く読めるように仕立てられたという感じがいたします。そして、ファンタジーの傑作というものには、ほとんど必ず、成熟した大作家の人生の知恵といったようなものが、想像力によって具体化されまして、つまり眼で見えるようにされるのです。したがって隠喩とか象徴とかいう方法によって錬金術を施された美しい思想のいれものが、すなわちファンタジーだと申せないこともありません。わが国の宮沢賢治は、自分のファンタジーに対しまして、「この童話集の一列は実に作者の心象スケッチの一部である。それは少年少女期の終り頃からアドレッセンス中葉に対する一つの文学としての形式をとっている」と申しておりますが、これとて同様、作者が言いたいこと、訴えたいことを持っていて、それを想像力でファンタジーにつくりあげた事情を説明しているのだと思います。したがいまして、子どもの新鮮な能力を保持しえた人が、大人になってから得た人生の知恵をなんとかして楽しく面白く子どもにわかちあたえたいと思います時に、しばしばその作家はファンタジーという形式をいちばん恰好のものとして使うわけであります。そして最初の訴えかけたいアイディアがすぐれ、それを物語にする空想力が深く、さらに、まざまざと具体化する表現が明瞭でありますと、そのファンタジーは子どもの心をとらえて、消すことのできない印象をとどめることになりましょう。

その古典を二、三ここでお話ししようと思って本を持ってまいったのですが、ちょうど岩波少年文庫で以前出たものばかりで、一つは、W・H・ハドソンの『夢を追う子』です。一九〇五年作で、二十世紀はじめのものですが、W・H・ハドソンという人は、ご存知のようにりっぱな博物学者でまた小説家でして、小さい時アメリカ生れの両親につれられて、南米のラプラタというところに移り住みまして、そこで二十何歳かのころまで育ち、それからイギリスに行って、帰化して文筆家になりました。その人のただ一つの子どものためのファンタジーがこの『夢を追う子』です。この物語の下地には、どうみてもハドソンの小さい時の経験がいっぱい埋っていると思われますが、作品にはそれがうまく変形されて、ふしぎな効果をもつエピソードになっているようです。大草原のすみに住むマーチンという子が、自由に原野で遊んでおりますうちに、かげろうにさそわれて、大自然のおくをたずねる放浪者になります。大草原から森林へはいり、森から山へいってくらし、とうとう海へ出て、さらに自然放浪がつづくことを暗示して終っております。これは遍歴テーマで、生涯にわたって大自然の美しさとおそろしさに畏敬《いけい》の念をもやしておりましたこの作家が、自らの内心の神秘とあこがれを一人の子どもに仮託したもので、マーチンは作者の心さながらに本能的に大自然にとけこみ埋没して、その精髄を見きわめようとして、さまようのです。リリアン・スミス女史はこの物語の「根本のテーマは、けっして到達しえないもの、われわれのすぐ目の前にありながら、決して手にとることのできない美にたいする永遠の探求である。」と申しております。そういう作者の訴えたいテーマというものは、この作品にどう具体化し、どう表現されているかを、すこし見てまいりましょう。

まず気がつきますことは、ハドソンの自然の要素は一つ一つの事件や人物に結晶されて、面白いエピソードの連鎖になっていることです。マーチンはまず、湖のほとりで偶然心ならずも美しい一羽のヘラサギを殺してしまいます。美しいものをあやめた罪障感が、放浪のテーマを呼びだします。放浪するうちに、耳のきこえない老人にあいます。これは孤独で無知で粗野な開拓者を典型化したようなおかしさでマーチンを遇しますが、マーチンはやりきれなくなって逃げだします。そして、草原のかげろうの行列にあい、ヘラサギの魂とかげろうの女王にあって、生涯を予言されます。このかげろうの列などは、神秘的でいながら子どもによく理解できる明確さを持っていて、ハドソンのファンタジーを肉体化する能力をよく示している一例です。舞台は森から山へと次第に高められ、そこで山夫人という神秘的な永遠の母性のような美しい登場人物とくらすところが、もう一つの中心になります。それから曲折をへて、ついに海にいたると、ここでも海を象徴するような大浪人間などが出てまいります。森のなかでマーチンがであう空《そら》の黒ン坊というのなどは、たいへんユーモラスに描かれていて、貪欲でおく病なハゲタカのむれを活写しております。

それから、さらに分析的に見ていきますと、こういうエピソードのつなげ方にリズムと変化があって、そこでも子どもによくわかり、面白く読んでもらう用意がしてあるように思います。はじめのヘラサギの死が陰気で淋しいところですが、つづく老人のところは陽気でやかましいくらいの効果をつかって、ここに明暗の対比を出しています。野、森、山、海と四つの舞台の色わけのなかに、シリアスなものとユーモラスなもの、明暗がくっきりと事件をそめわけて、リズムのうねりを感じないではおられません。こういうふうに識見あり力量ある作家によって、わざわざ弱められることなく堂々と書かれた物語は、あるいは子どもにとって読みにくいと思われる節もございましょうが、一度興をかられると読後に消えがたい印象をとどめまして、何かの時に体験に出てまいります。もちろん小さい読者に、ハドソンの主義や哲理がそっくり読みとれるはずはないのではありますが、繰り返して読み進むうちに、ある時子どもの心に何かしらぬ感動がよびさまされることもありますし、そのまま心の奥に眠っていて、当人の知らないうちに腐葉土の上に芽をふいていることもありましょう。こういうシリアスなりっぱな作品を読むことは、ほかのメディアで得られないシリアスなものがあるものです。

もう一つ、ここにありますのは、イギリスの詩人ウォルタ・デ・ラ・メアの書きました『サル王子の冒険』であります。この人はイギリス近年の神秘詩人でいて、子どもの文学の大長老株の人で、数年前に高齢で物故いたしました。この人が子どものために、一九一九年に本にしましたファンタジーが、この『サル王子の冒険』です。ストーリーは、やはり遍歴といいますか、やや冒険的な旅に出る三匹のサルの物語で、ティシュナーというふしぎな国の王子であった父ざるが、サムとシンプルとノッドという子どもをもうけたあとで、神秘的なティシュナーに帰ってしまい、残された子ざるたちは、母ざるの死後、遠い父の国を求めて旅立ちます。末のノッドは生まれながらにすぐれたところがあって、魔法の石が授けられ、主人公となって活躍しますが、はじめはゴリラにつかまったり、サルくいザルのミニマルにとらわれたりして、だんだん自分の力をさとります。魔法使いの兎に助けられ木小屋に住む孤独の船乗りの友だちになって、死の化身インマナーラをちえをふるってうちひしぎます。そしてついにティシュナーのある深い山脈にはいり、義侠《ぎきょう》的な山ざるたちの助力で、影の谷をくだり、川の洞穴をくぐりぬけて、ティシュナーにたどりつきます。この物語を読んでいますうちに、私たちがだれでも経験しますのは、なんという豊かな想像力で、地上的でない神秘的な詩人の曼荼羅《まんだら》世界をきらめくように実在化していることだろうという驚きでありましょう。これはサルたちの物語ですから、デ・ラ・メアはことさらにサルの考え方感じ方の次元をまず据えておいて、よくあるような浅い擬人化を徹底的にしりぞけております。そのために、サル語をたくさん使いますし、サル特有の感情を記述します。ゴリラというのはグンガ、人間というのはウームガー。こういう言葉をどこから考えつくかも面白いことと思うのですが、人間の原始基本語のようなものをしのぶ操作もあったろうと思います。サルの感情に立ってというのも、できるはずがないようですが、たとえば、「じっと見つめるのは悪だ」というような文章や、「初めの眠りは少しゆく（夜の眠り）、二つめの眠りはうんとゆく（気絶）、三つめの眠りは帰らない（死）」というような表現に見られるので、こういう用意が層々と重なってサル世界のふしぎを、すきま風の通わない密なものにしているのであります。

それほど実在感のこいサル世界のなかで、サルたち（とくにノッド）は、ふしぎな事件の数々にであって、死と生、無常と永遠、友愛と信頼、おそれとのぞみ、悲しみと勇気を経験して成長していきます。そしてティシュナーという涅槃《ねはん》に似た理想郷に到達します。個々の事件にはオデュッセイアを下敷にしたような脱出や、西遊記を偲ばせるような怪物界がありますが、それらをのべるこの詩人の感覚は、「豹はバラとよばれた」「霜や雪はティシュナーの火だった」という詩句のようなものとなり、その知恵は随所に箴言《しんげん》のような句になってちらばっています。そして、これらを読んで、私たちはどんなに日常平凡な枠のなかで、何も知らず何も感じないでいるかという反省の眼をひらかされます。詩人のファンタジーは、私たちに見えない奥底をとりだして白日の光にあて、私たちにふれえない神秘をかいま見させてくれるものだと思います。時には、啓示となることさえもあるものではないでしょうか。

ファンタジーというものは、想像力のある作家が独自の立場から作りだすたびに、その作家の資質に応じて、新しい分野がひらけるもので、まことに種々多様な傾向を一作ごとに示しております。一九〇八年のケネス・グレーアムの『たのしい川べ』というのは、まことにファンタジー領域の傑作で、これまた「川べに住む小さい動物たちの、たのしい田園生活」というべきものを問然するところのないタッチで描きました。この本のなかの、「あかつきのパン笛」の章と、「旅びとたち」の章は読んで忘れる人がないでしょう。また第一次大戦のあとで、一九二〇年からはじまったヒュー・ロフティングの「ドリトル先生」ものや、一九二六年のA・A・ミルンの『クマのプーさん』の面白さも、これまた説明するまでもないでしょう。この三つのファンタジーは、それぞれ自分の子どもに話しかけること（時に手紙で）から始まった点で、ある特別な子どもにむかってはじめられたアリスの場合とよく似ております。プーさんの作者ミルンは、一般的に子どものために書くということを大変皮肉って、なぜ自分のために書かないのかと申しましたが、自分の内心の欲求と、眼の前の自分の子どもを楽しませてやろうという気持とが一つであるしあわせな作家は、グレーアムやミルンのように一ぺんこっきりであっても、エポックを作ってしまうものなのでしょう。

これらにつづいて、もう一つ紹介しておきますと、一九三七年にあらわれた『ホビットの冒険』で、これはオクスフォード大学の古文学教授で有名なトールキンという学者が作ったファンタジーです。ホビット族という、ふつうの小人よりも小さな小人族の一人で、平凡なくらしをしているビルボ・バギンズの穴ぐら住居に、五月のある日、ガンダルフという魔法使いと十三人のドワーフ小人がどやどやおしかけます。そしてビルボも知らないうちに、(母方の冒険の血のせいで)ドワーフたちのうばわれた宝さがしの旅に加わって、はるか東のかた荒野のくにのかなたへ出かけます。それからのビルボと一行のかずかずの冒険は、まずトロルにつかまる、山脈のゴブリン小人たちに殺されかかる。ホビットだけは地底ににげて、そこでまっ黒の化物にあってなぞなぞ問答をする。ようやく一同が山をこして森へ出ると、狼にせめられ、ワシに助けられて、熊男の家にいき、さてやみの森という難所にかかる……という具合で、息つくひまのない大冒険のうちつづくうちに、ビルボは次第にりっぱな人間になってゆきます。そして悪竜をほろぼした後で味方のドワーフ軍が、たくさんの敵を相手にして悲劇的な戦さをする時にビルボは敢然として平和を望んで勇敢な行動をします。はげしい悲劇が終って、ビルボはガンダルフとともに、もとの故郷の家にもどって達観した詩人として余生を楽しみます。

この物語は、まだこの世が若くてどこもかも青々としていたころ、小人たちと最初の人間たちが仲よくくらしていた大昔の一つの挿話として語られますが、トールキン教授は、おどろくほどの古代伝承の知識や神話伝説の学力をいきいきと妖精の生きていた世界によみがえらせました。一種の堂々とした叙事文学のようなスタイルをもったこの特別なファンタジーは、やはりこの学者が身内の子どもに話したのがはじまりだったそうです。説教やモラルの一かけらも物語の表面に浮んでいないにもかかわらず、物語を読む人々はビルボが大好きになり、ガンダルフが知恵者に見え、十三人のドワーフを友として、ことにその族長のトーリンの悲劇的な死をかなしむでしょう。愛や勇気にまけずおとらず、人間的なもろもろの悪徳をそなえた小さな忍び者ビルボの物語は、私たちの身近な共感をさそうくせに、失われた古代のひびきをもひびかせています。トールキンは、想像力は人間のごくふつうの心性なのだから、ファンタジーは大人にも読まれ、むしろ大人に深く得るところがなければならない。ファンタジーが理性に反するの、科学と撞着《どうちゃく》するのと考えるのはおろかで、むしろ理性をそだてるといいたい、と述べています。もっとも創意的な人たちは想像は創意の泉であることをよく心得ていると思います。

『床下の小人たち』は、ホビットの物語とちがった、現代の小説ふうのファンタジーで、まったくモダンなものです。メアリー・ノートンの『床下の小人たち』（一九五二年）と『野に出た小人たち』（一九五五年）を合せて読まれた方も、たくさんいらっしゃるだろうと思います。で、この物語については、ご紹介しませんが、ただメアリー・ノートンがどういう考えでこの物語を書いたかという感想がありましたので、それを読ませていただきましょう。

「ものを借りて暮らす小人たちをはじめに思いついたのは、というか、最初にぴんと来たのは、私が近眼だったから生れたのだと思います。子どものころの私は、よその人が遠くの山や森などを眺める場合に、近くの川岸や木の根や茂った草むらをしげしげと眺めました。苔やしだ、木の幹などは、登場人物のいない舞台のジャングルになり、そこに架空の人物として、ミニチュアのおずおずした小人を下ばえの小道においてて考えると、もうそここに、彼らの座ったり休んだりしたにちがいない空地や、ぶらさがった枝や、眠るために掘ったと思われる砂地の穴が見つかったものです。」こうしてノートンは、ひとりぼっちの時に、そんな空想をして人形を使って遊んだことをのべて、さいごに「そういうことをして私たちは遊んだものですが、今日の子どもたちは、相かわらずものを思いつくことは認められながら、あいかわらず大人たちに、ガラクタよばわりをされて、邪魔されています。秘密の世界は、いつも片づけろといわれてこわされます。私の物語の中で家政婦のドライバーさんがやるのとそっくりです。大人は子どもをしつけるといってはその秘密を破壊していき、それにならしていきます。けれども子どもたちは、材料さえ手にはいれば、いつでもまた作りあげるのです。大人たちは、またかといって大げさにさわぎ立てますが、私たちはそのことを、考えなおさなければなりませんね。」ノートンさんのいう秘密の小さな世界は、想像の世界、ファンタジーの世界です。そこは余人の介入をゆるさない、そのものとその子との対話するひそかな世界です。そういうひそかな特別な約束の地が、ファンタジーの読書ということで生まれてきます。

『床下の小人たち』というのは、ある田舎の古い家の床下に住んで、何でも人間のものを借りて暮している種族のさいごの三人、ポッドとホミリーの夫婦と娘のアリエッティです。彼らの住居とその秘密を知っているのは、人間の男の子だけです。二十章にわたって、じつに細かく具体的に、小人たちのミニアチュアの世界とそのくらしが克明丹念に、しかも静かにゆっくりと語りかけられるので、読む人たちは作者と共通の秘密の場所に、床下の小人を見る思いがすると思います。

ただ、床下に小人がいるという前提をうけいれれば、この物語はどれほど読者の心に根をおろすでしょう。この前提をうけいれるということは、ファンタジーを読む側の必要条件で、まずそれに喜んで耳を貸そうとする態度がなければ成り立つことができないのです。

この物語は、第一章と終章とで、物語をいわば大きな括弧のように、前後の枠で包んでいます。初めの一章は、内容と関係のない女の子が、メイおばさんから、小人たちの話を引き出す、大変面白い会話でできています。いったい、この物語は、会話が傑出しておりまして、それによって人物を浮き出させ、ストーリーを選びます。作者の劇場体験が生きているのでしょう。さいごの章もおなじ会話で終りますが、その会話がふしぎな謎を残して、この話全体がひょっとしたら弟の作り事かもしれないような余韻をおびさせます。

中間の物語の細部は、精細だと申しあげましたが、ここで読者は、空想の楽しみの他に、人間のドラマを強く感じます。そしてそれは、『サル王子の冒険』のような順々に叙述をたたんでいく、描写を省いた物語の語り方とはまるでちがって、会話といい、心理的な描写といい、手のこみいった構成といい、小説の、あるいは劇の技法を味わいます。そして小学上級の子どもたちは、大人の読む小説のとばロへ導かれ、個性的な世界の縮尺による、鮮明なドラマを訴えかけられます。

さいごにもう一つ、ファンタジーのすぐれた例をひいて、おしまいにしましょう。それは、『床下の小人たち』のかかれた二年前、一九五〇年に出版された、C・S・ルイスという人の『ライオンと魔女』にはじまるナルニア国の七冊のファンタジーです。C・S・ルイスという人の本職は、これもケンブリッジ大学の中世英文学教授ですが、この人は、人生随想のようなもので全イギリスの良識のように思われているすぐれたインテリです。そのルイス先生が、子どものための長いファンタジーをかいて、子どもたちの世界でもすっかり有名になってしまいました。ストーリーをお話する余裕がありませんが、人間の子どもたちが、何かの拍子でふいとはいってしまうナルニアという架空の国で、いろいろなことがおこるのです。ふしぎな登場人物たちの住む美しいナルニアの国は、創り主であるアスランという力強いライオンの力が支配するうちは、楽しい土地なのですが、人間の好奇心によって悪の種がまかれて、呪文にかかったように悪の妖女が支配して、住民たちを苦しめます。たまたまこの国へまぎれこんだ子どもたちが、人生の根本問題に当面して、正義と真実の国をきずく助力をするというものですが、こうはしょっては、実もふたもありません。けれども、永遠の良心の問題や社会にのしかかる不安の傾向を、そういう理くつを一つも訴えることなしに、面白いファンタジーの形式をかりて、子どもに直接語りかけるという、ファンタジーの伝統は、今日C・S・ルイスの新しい古典となって、生きています。

ルイスは、子どもにむかって物語を書くには、一つは自分の知っている特別の子、たとえば息子に対して書くというやり方でいいものができる。それはケネス・グレーアムなどみなしかりと申します。そしてもう一つの方法、私の好む方法というのは、自分はこのファンタジー形式が、自分の言いたいことをいちばんうまく表現できるから選ぶので、それは、私が物語を書く時は、家を建てるように働いたりしないで、鳥を観察するように、自分のテーマをじっと見ているだけで、そうするとそれらが、鳥の群のようにひとりでにはばたいて現われて集ってくる。それを書くのであると、こう申しております。ルイスといえども、あちこちに破綻があるのはさけられず、その穴をうめるためにプロットに必然性をつける努力はやるということですが、ひとりでに鳥群のように物語がさっと形をなしてくるというのは、まったくうらやましい人です。モーツァルトが作曲する時のようですね。C・S・ルイスは、まず切実な欲求があり、それを空想にのせて美しい楽しい絵に仕立てるというのが、私のファンタジー作法であると申したのです。

ルイスは、イギリスの良識としていつも今日の問題を切実に考えぬいている人でありますから、ファンタジーの最初のテーマが、なまのまま頭にある時は、たしかに今日の全世界の重みにひしげるような重いものにちがいありません。けれども、子どもの物語としてルイスは何の苦渋をもとどめない明るい空想、楽しい想像にゆだねて、彼の問題の核心を徹底的に変身させてしまうのです。「面白いことが第一」とルイスがいうこの面白さというものは、読者の空想を自由にし、それに点火して燃えたたせる秘密であって、けっして低俗な興味本位のことを言っているのではありますまい。ファンタジーというものは、はじめから最後まで、つまり作者にはじまるところから、読者に終るところまで、すべて、想像力の問題なのだと思うのです。想像力をのばさない人生というものを考えてみれば、いくら特別の料金をはらっても、ファンタジーをのがしてはならないという気がいたします。まとまりませんでしたが、以上ファンタジーについて、私見を申しあげました。

＊「子どもと読書」「子どもと文学」は一九六五年五月六日、五月十三日に新宿・紀伊國屋ホールで行われた岩波市民講座の連続講演です（初出『図書』一九六五年八月号）。

ＩＳＵＭＩ会と石井桃子さんの思い出

鈴木晋一

石井桃子さんの名を私が知ったのは、昭和十七年十月十日である。その十日前に私は東部二部隊（近衛歩兵連隊）に入隊させられ、十日目に初めての外出が許されて行きつけの書店に寄った。店頭に鼠色の瀟洒な表紙をまとった石井桃子さん訳の『熊のプーさん』という本が積み重ねられていた。フランス装のアンカット本の頁を丁寧に切りそろえて読んだ。すてきだった。世界にはこんなにも楽しくて美しくて豊かな児童文学作品があったのだと嬉しかった。

戦後、私はサンケイ新聞文化部で「子ども頁」の編集を担当し、石井さんを荻窪の家に訪ねて面識を得た。

その後の一九五六年、ミュンヘンの国際児童図書館に贈る雛人形の発送を終えた帰り、私と石井さんと雑談の中で、日本の児童文学では小川未明や浜田広介ばかり取り上げられるが、他にもいい作家がいるのではないか、という話題になった。すると、石井さんが、児童文学に関心がある人たちで集まり、いろいろな作品を一語一語丁寧に読んでいく会を始めようと提案し、瀬田貞二さん、松居直さん、いぬいとみこさんの三人にも参加してもらうということになった。その頭文字を並べ、「ISUMI会」という名をつけた（瀬田さんと私が〝S〟なので、私は次の〝U〟を用いた）。

「ISUMI」会は、荻窪の石井さんの家に月一、二回集まって続いた。取り上げる作家を決め、それぞれ読んできた中から一作を選び、本当に一語一語細かく読み込む。みんなの意見はほとんど食い違うことはなく、会自体とても楽しいものだった。世評の高い作家の作品がまことに出鱈目なことが多いのに気づかされ、やはり児童文学の記述は、地図が描けるくらいでなければだめだ、などと話し合った。このとき出しあった意見が、『子どもと文学』に書かれたことのもとになっている。

一九六〇年『子どもと文学』が出版されると、読者から、「どういう本を読んだらいいか」という手紙がたくさん送られてきた。送り主は、子どもをもつ親や教育に携わる先生方などだった。そこで、我々はこうした要望に応えてブックリストを作ることを目指し、たくさんの本を読み、合宿を行い、六六年に『私たちの選んだ子どもの本』第一集を刊行した。その頃にはメンバーが少し入替わり、会の名まえも「子どもの本研究会」と改められた。

会では、それぞれが見つけ、他のメンバーがまだ知らない作品を持っていって紹介することもあった。松居さんが外国で買ってきたブルーナの絵本にみんなで感心し、やがて石井さんが訳し、松居さんの福音館書店から刊行されることになった。また、同人誌に載っていた中川李枝子さんの「いやいやえん」を会で初めて読んだときは、こんなおもしろい作品はないから是非とも出版しようと、全員の意見が一致した。

会のリーダーは、何といっても石井さんと瀬田さんだった。石井桃子という人は、天から地上へ送られてきたような印象があった。

（『石井桃子展』二〇一〇年、世田谷文学館）

解説

斎藤惇夫

何とも懐かしい本が復刊されることになり、以下、この本を初めて読んだ時に感じたことを中心に、解説ならぬ感想を記させていただきます。

どうやら『子どもと文学』というタイトルに惹かれたからなのでしょうが、私はこの本が刊行されて間もなく書店で見つけすぐに読みました。昭和三十五年、一九六〇年の、多分夏。二十歳の時でした。六〇年安保闘争に明け暮れ、自然承認の日がちょうど私の誕生日にあたり、国会の前で成人式を迎えるというあわただしい日々が続いていた時のことです。じつは子どもの本になまなかならぬ興味を持ち続けていた私は、何が書かれているのだろうと、ふと立ち寄った書店で手に取りました。まさか、数年後に子どもの本の編集者になり、子どもたちに向けて物語を書くことになろうとはつゆほども思っていませんでした。

よく覚えているのですが、「筆者たちは、一体なぜこの本を刊行したのだろう」という素朴な疑問がまず私を襲ってきました。

小川未明も、浜田広介も、坪田譲治も、わざわざ文章にして否定してみせなくとも、私は大層苦手で敬して遠ざけてきたと、少年時代の読書を思い出してそう思ったのです。実際、この三人の作品は、幾冊か母が買って、本棚に並べられてはいたのですが、手に取ってはみたものの、すぐにページを閉じ、他の本を読み始めました。理由は至極簡単なことでした。少しも面白くなかったのです。一向に物語が始まり展開していかない。物語になっていないじゃないか、知らない場所、世界に連れて行ってくれないじゃないか、なんだか湿気の多い沼地のようなところで独り言を言っているだけじゃないか。そんな感じがしました。それに比べ、身の回りには沢山の面白い物語がある。まだ祖母の語ってくれる越後の昔話の方がはるかに面白い。彼らの作品は、そう、それに比べてもちっとも面白くない、と、そう思っていたという記憶しかありません。

したがって彼らの本は、すぐに本棚から消えていきました。本棚に残ったのは、岩波文庫の金田鬼一訳『グリム童話集』。これは父の本だったものを、母が読んでくれていました。アルスの児童文庫、文藝春秋社の小学生全集、新潮社の少国民文庫。母と叔父たちが読んでいたシリーズであり、その中の面白い物語だけ、私は母に読んでもらい、自分でも少しずつ、昔話や神話、英雄譚などを読んでいました。少国民文庫ではトルストイの『人は何で生きるか』やケストナーの『点子ちゃんとアントン』、チャペックの『郵便配達の話』など、ともかく面白く、何回読んだことだろうと思います。そして一九五〇年、私が小学校四年生のクリスマスに岩波少年文庫の刊行が始まり、これはもう、片っ端から夢中になり、今でも繰り返し読んでいる物語が多いのですが、小学生時代に読んだ物語をどんなにふりかえってみても、小川未明も、浜田広介も、坪田譲治の作品も登場しません。一体なぜ、筆者たちが、子どもたちに読まれなかった作家たちを、おおまじめな顔をして論じようとしているのか、それがまったく合点がいかなかったのです。

とは言うものの、今にして思えば、朧な記憶を辿れば、たしかに、小川、浜田、坪田は、子どもの本の書き手として立派な作品を多く書いている人として世のおとなたちに噂されていたのかもしれません。なぜならば、彼らの作品を読めない私は本嫌いな子どもと言われ、自分でも本とは縁遠い人間と思い込んでいた記憶が確かにあるからです。このあまりうれしくない記憶は、多分中学二年生から世界文学全集を読み始めた時に、なんだ、それまで岩波少年文庫を中心に読んできた物語とさして変わらないじゃないかという素朴な、当たり前な感想を持つまで、残り続けていたようです。

だが、それでも二十歳の時に『子どもと文学』を読み続けたのは、小川、浜田、坪田のあとに宮沢賢治が語られていたからです。小学校時代の担任が賢治の物語をよく読んでくれ、その物語のあまりの面白さに、それから今の今に至るまで、私は賢治の回りをうろつきまわりながら過ごしてきたような気がするほどなのですが、二十歳の身にとっても、賢治の作品のとてつもない面白さを、子どもの頃に私が感じていたままに全面的に肯《うべな》い記されている瀬田貞二さんの賢治論は、私自身の小学校時代の感覚を、読書そのものを、代弁してくれているようで、とてもありがたかったのです。『オツベルと象』『雪渡り』『北守将軍と三人兄弟の医者』『グスコーブドリの伝記』『注文の多い料理店』『なめとこ山の熊』『セロ弾きのゴーシュ』……みんな実に面白く、小学校時代、本とは縁遠い人間だったはずの私でも、繰り返し読んでいました。まっすぐに物語が胸の中に入ってきて、しかも、生きていることの不思議さと歓びを、全身で感じられる気がしていたのです。それがなぜだったのか。筆者は小論文の終わりに「その文学の特質」として、第一に構成について語っています。出だしの見事さと、物語が次第に高まり、しかもクライマックスの奇抜さ、そして納得のいく結末。要するに、「小さな読者が心から満足できるように物語を組み立て」ていること、さらに「くっきりと、眼に見えるように」描いていること。独特な文体のリズム、そしてユーモア。さらに、その世界を形作るファンタジー。と、いくつかの点を指摘していました。ああ、たしかにその通り。それで、私は、私たち子どもは、彼の物語をそのまま受け入れていたのだ、と、初めて少年時代の読書を認めてもらえたと感じました。私は、賢治の作品があまりに面白く、わかりやすかったので、中学生になるまで、外国の作家の作品と思い込んでいたほどでした。今にして思えば、なんという馬鹿馬鹿しくも、正直な思いだったのでしょうか！

後半の「子どもの文学とは？」は、要旨はよくわかったのですが、千葉省三、新美南吉論と続いた後、なぜ一般論が語られ始めたのかが理解できず、しかも細かい説明・実証が不足している感じがして、あまり馴染むことができませんでした。それによって立っている論理がどこからきているのか、それが気になって仕方がなかったのです。二十歳の身にとっては、わらべうたや『ちびくろサンボ』や『三びきのやぎのがらがらどん』を子どもの文学の基本として突然目の前につきつけられても、うろたえるだけだったのです。いわんや、突然ファンタジーという項目が出てきて、子どもの本の中でファンタジーがいかに大切かと論じられても、どこか、遠い場所で語られているという思いしかありませんでした。ファンタジーという言葉すらが目新しく、どこか借り物、よそもの、という印象が強かったのです。実は、私自身が幼少期から経験してきた、それこそ母の歌ってくれた「子守歌」から始まって、近所の子どもたちや小学校で歌い遊んだ「わたべうた」、そして祖母が雪の降る間に語ってくれた昔話経験、繰り返し読んだ物語、世界文学全集を読みながら、それでも読み続けた賢治やケストナーやドリトル先生のシリーズ、『たのしい川べ』などをゆっくり顧みれば、違和感をおぼえる必要はさしてなかったはずなのですが。

この本をめぐって、百家争鳴が起こったことは、五年後に福音館書店に入社して、同社から本書が復刊されてから知りました。本書刊行直後、当事者である坪田譲治氏をはじめ、賛否両論の批評が各紙誌に掲載されましたし、私に「面白くてわかりやすいだけが子どもの本じゃないだろ」と議論を吹っかけてくる方もいました。しかし、残念ながら、一体何が問題だったのか、私にはよく理解できませんでした。それよりも、本書が刊行された四年の後、本書の筆者の石井桃子さん瀬田貞二さん渡辺茂男さんによって、岩波書店からリリアン・H・スミスさんの『児童文学論』が翻訳刊行されました。これはすでにその本の解説（岩波現代文庫『児童文学論』）にも記しておいたことなのですが、私は安保闘争の挫折感を抱いたまま、ごく普通の企業に勤めていたのですが、本屋でこれまた偶然手に入れた、ポール・アザールの『本・子ども・大人』から刺激をうけ、子どもの本を編集したいという思いに駆られ、辞表をだし、その時同僚たちから何を餞別にと聞かれ、『児童文学論』を所望しました。子どもの本の編集を生業にした私は、さらに当時アメリカに留学していた兄に、ともかく編集者になるために読んでおくべき本を近くの図書館員に聞いてくれと手紙を認め、すぐにこの二冊が紹介されました。「こどもの本は文学でなくてはならない」というアザールの明確な考えが私を編集の世界に押し出し、スミスの「すぐれた子どもの本は、それを読む子どもたちに、非常用の錨を荒い波風におろすような安定感を与える」という言葉は、その選択を激励しているように思えました。物語を面白がる子どもとは何か、子どもが面白がる物語とは何か、その答えがこの二冊には示されていたのです。そして、その時ようやく、『子どもと文学』出版の意味が私にわかったのでした。なんのことはない、私が物足りなさを感じた部分は『児童文学論』を補完して読めば、すらすらと読み解ける。それればかりか、そのスミスさんが師と仰いだアザールの、子どもの本に対する考え方に同意し、その考え方に習いながら、我が国の子どもの本のおかしなところを具体的に指摘し、あるべき児童文学の姿を示そうと筆者たちが立ち上がったのです。

　実際に子どもたちのために編集者を続けたり、アメリカで図書館員の仕事をつぶさに見てきたり、海外の作家や、画家と交流したり、文庫を開き子どもたちと触れ合ったり、大学で教鞭をとるうちに、我が国の異常な子どもの本のありかたが確認され、子どもたちと未来のために、どうしてもここで発言しなくては、という思いに駆られたのでしょう。それを後押ししたのがこの二作だったのでしょう。今静かに本書を繙《ひもと》くと、当時二十代、三十代、四十代だった筆者たちの、怒りと高い志が本書を生み出し、子どもたちと共に生きている図書館員や保育者、教師、編集者たちを鼓舞していった様子が目に浮かびます。

本書に、石井桃子さんと瀬田貞二さんの、紀伊國屋ホールでの講演録が付録として加えられています。講演ののち、すぐに『図書』に掲載され、私にとってはそれこそ幾度読んだかわからないほどの大切な講演録でした。昔話が、図書館が、ファンタジーが、子どもの本を考えるうえでいかに大切なものか、明瞭にわかりやすく語られ、いわば、『子どもと文学』の補完、いや、続編として読むことができたのです。このお二人も含め、本書の筆者たちが、本書を刊行したあと、それぞれが子どもたちに向かってどんな仕事をしたか、記すまでもないことです。

そして今、すっかりYouTubeやスマホやタブレットに取り囲まれ、自然に対しても人間に対しても、実体験があまりに希薄になってしまってきている子どもたちに対して、絵本や文学がどれほどの力を持ち、どうあるべきなのか、あらたな問いが私たちに投げかけられています。『子どもと文学』の筆者たちが挑んだ子どもの本の世界は、さらに複雑な様相を示しながら、目の前に立ちはだかっています。『続 子どもと文学』が、誰によって示されるのか、興味深いところです。

（さいとう・あつお　作家）

『子どもと文学』一九六〇年四月　中央公論社刊
一九六七年五月　福音館書店刊

編集付記

一、本書は福音館書店版を底本とし、連続講演と回想記を増補したものです。「坪田譲治」と「宮沢賢治」の節は『児童文学論――瀬田貞二子どもの本評論集』下巻（二〇〇九年、福音館書店）を適宜参照しました。増補した「子どもと読書」は『子どもに歯ごたえのある本を』（二〇一五年、河出書房新社）に、「子どもと文学」は『なつかしい本の記憶』（二〇〇〇年、岩波少年文庫）に、「ＩＳＵＭＩ会と石井桃子さんの思い出」は『石井桃子展』（二〇一〇年、世田谷文学館）に拠りました。

一、明らかな誤植と思われる箇所は訂正し、ふりがなを整理しました。書誌情報、引用箇所は可能なかぎりで調べ、編集部注を〔　〕で補いました。

一、本文中、今日の人権意識に照らして、不適切な語句や表現が見受けられますが、著者が故人であること、刊行当時の時代背景と作品の文化的価値を考慮して、底本のままとしました。

資料協力：（公財）東京子ども図書館

中公文庫

子《こ》どもと文学《ぶんがく》
——増補新版《ぞうほしんぱん》

2024年9月25日　初版発行

著　者　石《いし》井《い》桃《もも》子《こ》／いぬいとみこ
鈴《すず》木《き》晋《しん》一《いち》／瀬《せ》田《た》貞《てい》二《じ》
松《まつ》居《い》直《ただし》／渡《わた》辺《なべ》茂《しげ》男《お》

発行者　安部順一

発行所　中央公論新社
〒100-8152　東京都千代田区大手町1-7-1
電話　販売 03-5299-1730　編集 03-5299-1890
URL https://www.chuko.co.jp/

DTP　嵐下英治
印　刷　三晃印刷
製　本　小泉製本

Published by CHUOKORON-SHINSHA, INC.
Printed in Japan　ISBN978-4-12-207558-0 C1195

中公文庫既刊より

各書目の下段の数字はＩＳＢＮコードです。978－4－12が省略してあります。

コ-7-3
若い読者のための世界史 改訂版
E・H・ゴンブリッチ
中山典夫 訳
『美術の物語』の著者がやさしく語りかけるように、時代を、出来事を、そこに生きた人々を活写する。各国で読みつがれてきた〝物語としての世界史〟の古典。
207277-0

ケ-9-1
消え失せた密画
ケストナー
小松太郎 訳
肉屋の親方キュルツはふとしたことから盗賊団に狙われる密画を輸送することに。登場人物すべてがどこか憎めない痛快ユーモアミステリー。〈解説〉深緑野分
207513-9

タ-8-1
虫とけものと家族たち
ジェラルド・ダレル
池澤夏樹 訳
ギリシアのコルフ島に移住してきた変わり者のダレル一家がまきおこす珍事件の数々。溢れるユーモアと豊かな自然、虫や動物への愛情に彩られた楽園の物語。
205970-2

サ-7-1
星の王子さま
サンテグジュペリ
小島俊明 訳
砂漠に不時着した飛行士が出会ったのは、ほかの星からやってきた王子さまだった。永遠の名作を、カラー挿絵とともに原作の素顔を伝える新訳でおくる。
204665-8

チ-1-3
園芸家12カ月 新装版
カレル・チャペック
小松太郎 訳
園芸愛好家が土まみれで過ごす、慌ただしくも幸福な一年。終生、草花を愛したチェコの作家チャペックによる無類に愉快なエッセイ。〈新装版解説〉阿部賢一
206930-5

チ-1-4
ロボット RUR
カレル・チャペック
阿部賢一 訳
人造人間の発明で、人類は真の幸福を得たはずだった――。「ロボット」という言葉を生み、発表から一〇〇年を経てなお多くの問いを投げかける記念碑的作品を新訳。
207011-0

オ-1-2
マンスフィールド・パーク
オースティン
大島一彦 訳
貧しさゆえに蔑まれて生きてきた少女が、幸せな結婚をつかむまでの物語。作者は優しさと機知に富む一方、鋭い人間観察眼で容赦なく俗物を描く。
204616-0

オ-1-3
エマ
オースティン
阿部知二訳
年若く美貌で才気にとむエマは恋のキューピッドをきどるが、他人の恋も自分の恋もままならない——「完璧な小説家」の代表作であり最高傑作。〈解説〉阿部知二
204643-6

オ-1-5
高慢と偏見
オースティン
大島一彦訳
理想的な結婚相手とは——。不変のテーマを、細やかに描いたラブロマンスの名作を、読みやすい新訳でおくる。愛らしい十九世紀の挿絵五十余点収載。
206506-2

オ-3-1
一杯のおいしい紅茶
ジョージ・オーウェルのエッセイ
オーウェル
小野寺健編訳
イギリス的な食べ物を、貧乏作家の悲哀を、酔うことを、自然や動物を、失われゆく庶民的なことごとへの愛着を記し、作家の意外な素顔を映す上質の随筆集。
206929-9

ク-1-2
地下鉄のザジ 新版
レーモン・クノー
生田耕作訳
地下鉄に乗ることを楽しみにパリを訪れた少女ザジ。ストで念願かなわず、街で奇妙な二日間を過ごす。文学に新地平を拓いた前衛小説。〈新版解説〉千野帽子
207120-9

か-54-3
対談集 あなたが子どもだったころ 完全版
河合隼雄
臨床心理学者と各界を代表する十六人が幼少期の思い出を語り合い、浮かび上がる「私が私になるまで」。好評連載対談を全一冊にした完全版。〈解説〉小川洋子
207536-8

い-139-1
朝のあかり 石垣りんエッセイ集
石垣りん
働きながら続けた詩作、五十歳で手に入れたひとり暮らし。「表札」などで知られる詩人の凜とした生き方が浮かぶ文庫オリジナルエッセイ集。〈解説〉梯久美子
207318-0

い-139-2
詩の中の風景 くらしの中によみがえる
石垣りん
詩は自分にとって実用のことばという著者が、五三人の詩を選びエッセイを添える。読者ひとりひとりに手渡される詩の世界への招待状。〈解説〉渡邊十絲子
207479-8

い-116-1
食べごしらえ おままごと
石牟礼道子
父がつくったぶえんずし、獅子舞にさしだした鯛の身。土地に根ざした食と四季について、記憶を自在に行き来しながら多彩なことばでつづる。〈解説〉池澤夏樹
205699-2

各書目の下段の数字はISBNコードです。978－4－12が省略してあります。

よ-47-1
涙《はな》をたらした神
吉野せい
詩人である夫とともに開墾者として生きた女性の年代記。残酷なまでに厳しい自然、弱くも逞しくもある人々、夫との愛憎などを、質実かつ研ぎ澄まされた言葉でつづる。
205727-2

し-55-1
日曜日／蜻蛉《とんぼ》　生きものと子どもの小品集
志賀直哉
志賀直哉は生きものや子どもを好んで書き、普遍的な名品を多く生んだ。これらの作品を集めた短篇集『日曜日』『蜻蛉』を合本とし二十四篇を収録。〈解説〉阿部公彦
207154-4

あ-20-3
天使が見たもの　少年小景集
阿部昭
短篇の名手による〈少年〉を主題としたオリジナル・アンソロジー。表題作ほか教科書の定番「あこがれ」「自転車」など全十四編。〈巻末エッセイ〉沢木耕太郎
206721-9

い-37-6
晩夏　少年短篇集
井上靖
二度と戻らぬ、あの日々――。教科書名短篇「帽子」「赤い実」ほか、少年を主人公とする珠玉の十五篇。文庫オリジナル。〈巻末エッセイ〉辻　邦生・椎名　誠
206998-5

た-16-7
神馬《じんめ》／湖　竹西寛子精選作品集
竹西寛子
表題作ほか、「兵隊宿」（川端賞）「蘭」「鶴」など自選短篇小説全十三篇に、高校の国語教科書で親しまれた随想八篇を併せた決定版作品集。〈解説〉堀江敏幸
207246-6

の-3-13
戦争童話集
野坂昭如
戦後を放浪しつづける著者が、戦争の悲惨な極限に生まれえた非現実の愛とその終わりを「八月十五日」に集約して描く、万人のための、鎮魂の童話集。
204165-3

み-5-2
盆土産と十七の短篇
三浦哲郎
「盆土産」「とんかつ」など、国語教科書で長年読み継がれた名篇を中心に精選したオリジナル・アンソロジー。自作解説を付す。〈巻末エッセイ〉阿部　昭
206901-5

よ-17-16
子供の領分
吉行淳之介
教科書で読み継がれた名篇「童謡」など、早熟でどこか醒めた少年の世界を描く十篇。随筆「子供の時間」他一篇を付す。〈巻末エッセイ〉安岡章太郎・吉行和子
207132-2

ま-49-1
川の光
松浦寿輝
平和な川辺の暮らしは突然失われた。安住の地を求め、旅に出たチッチとタータを襲う試練、思いがけない出会い……小さなネズミ一家の大きな冒険譚！
206582-6

ま-49-2
月の光 川の光外伝
松浦寿輝
今日もどこかで彼らが、にぎやかなドラマを繰り広げている！ 個性豊かな「川の光」の仲間が大活躍する、仕掛けに満ちた短篇集。『川の光 外伝』を改題。
206598-7

ま-49-3
タミーを救え！（上）川の光2
松浦寿輝
みんなの人気者ゴールデン・レトリーバーのタミーが、悪徳業者にさらわれた！ 救出のため、大小七匹の仲間が、迷宮都市・東京を横断する旅へ乗り出す。
206616-8

ま-49-4
タミーを救え！（下）川の光2
松浦寿輝
スクランブル交差点でバラバラになってしまった救出チーム。謎の「タワー」を目指し必死の旅を続ける七匹が、再び集結し、タミーを見つけ出す日は来るか？
206617-5

お-51-5
ミーナの行進
小川洋子
美しくて、かよわくて、本を愛したミーナ。あなたとの思い出は、損なわれることがない――懐かしい時代に育まれた、ふたりの少女と、家族の物語。谷崎潤一郎賞受賞作。
205158-4

ひ-9-2
ド・レミの子守歌
平野レミ
できた！ 産まれた！ さあ子育てのはじまり！ レミさんが新品のママになった時のことを明るく語る。みんなを幸せにするレミさんの魔法がいっぱいの本。
205812-5

わ-25-4
旅の絵日記
和田誠
平野レミ
レミさん和田さんが息子二人と旅に出た。フランス・スペイン・モナコ・イタリアを巡った一九八九年の夏休み。たくさんの絵と愉快な文章に心はずむ旅の記録。
207159-9

ち-8-1
教科書名短篇 人間の情景
中央公論新社編
司馬遼太郎、山本周五郎から遠藤周作、吉村昭まで。人間の生き様を描いた歴史・時代小説を中心に中学教科書から厳選。感涙の12篇。文庫オリジナル。
206246-7

各書目の下段の数字はISBNコードです。978-4-12が省略してあります。

番号	書名	サブタイトル	編者/著者	内容紹介	ISBN
ち-8-2	教科書名短篇	少年時代	中央公論新社 編	ヘッセ、永井龍男から山川方夫、三浦哲郎まで。少年期の苦く切ない記憶、淡い恋情を描いた佳篇を中学教科書から精選。珠玉の12篇。文庫オリジナル。	206247-4
ち-8-9	教科書名短篇	家族の時間	中央公論新社 編	幸田文、向田邦子から庄野潤三、井上ひさしまで。かけがえのない人と時を描いた感動の16篇。中学教科書から精選する好評シリーズ第三弾。文庫オリジナル。	207060-8
ち-8-10	教科書名短篇	科学随筆集	中央公論新社 編	寺田寅彦、中谷宇吉郎、湯川秀樹をはじめ、岡潔、矢野健太郎、福井謙一、日高敏隆七名の名随筆を精選。国語教科書の名文で知る科学の基本。文庫オリジナル。	207112-4
ぬ-3-1	文庫で読む100年の文学		松永美穂/阿部公彦/読売新聞文化部 編	二一世紀に読み継いでいきたい文学作品とは。第一次世界大戦前後から一〇〇年の海外文学六〇冊、日本文学四〇冊を厳選。ポケットに入る世界文学全集の提案。	207366-1
あ-92-1	夜ふかしの本棚		朝井リョウ/円城塔/窪美澄/佐川光晴/中村文則/山崎ナオコーラ	六人の作家が心を震わせた五十九冊をご紹介。腹が立つほど面白い名作、なぜか苦手なあの文豪……夜ふかしを誘う魔法の読書案内。〈本にまつわるQ&A付き〉	206972-5
ち-8-16	対談 日本の文学	素顔の文豪たち	中央公論新社 編	森鷗外、夏目漱石、芥川龍之介、谷崎潤一郎、太宰治……文豪の家族や弟子が間近に見たその生身の姿を語る。全集『日本の文学』の月報対談を再編集。全三巻。	207359-3
ち-8-17	対談 日本の文学	わが文学の道程	中央公論新社 編	川端康成、夏目漱石、小林秀雄、宇野千代、井伏鱒二、武田泰淳、三島由紀夫、有佐和子、開高健……作家が自らの作品、当時の文壇事情や交友を闊達自在に語り合う。	207365-4
ち-8-18	対談 日本の文学	作家の肖像	中央公論新社 編	泉鏡花、国木田独歩、島崎藤村、林芙美子、柳田国男、菊池寛、稲垣足穂、横光利一……全集編集委員や同時代評論家による作家論。〈解説〉大岡昇平/関川夏央	207379-1